M. HAUSSMANN

ET

LES PARISIENS

ÉDITION POPULAIRE

M. HAUSSMANN

ET

LES PARISIENS

PAR

FÉLIX MOUTTET

PARIS
E. DENTU, LIBRAIRE-ÉDITEUR
Galerie d'Orléans, 17 et 19 (Palais-Royal)

M DCCC LXVIII

VERSAILLES, — IMPR. DE E. AUBERT, 6, AVENUE DE SCEAUX.

M. HAUSSMANN

ET

LES PARISIENS

« Si la création avait été mise
« en discussion, le chaos existe-
« rait encore.

« ROMIEU. »

« Tout pour le beau et pour le
« bien.

« (*Devise des Ediles.*) »

I

Le réel et sérieux mérite des œuvres du genre de celle dont nous allons nous occuper est, en dehors de l'exécution, de puiser leur raison d'être dans l'avénement d'un grand mouvement humain, car, alors seulement, elles deviennent durables, fécondes et indiscutables. L'œuvre de la transformation de Paris par M. Haussmann, est rigoureusement dans ces conditions. En effet, il n'est pas un homme clairvoyant qui n'ait entrevu dans la découverte de la vapeur et son application à la locomotion, à la navigation, à l'industrie, à une foule d'autres usages, comme aussi dans l'invention de la télégraphie ouvrant entre les peuples les plus éloignés un système de correspondance imprévu, rapide comme la pensée, d'un avenir incalculable; il n'est pas, disons-nous, un homme clairvoyant qui n'ait entrevu dans ces précieuses conquêtes, la révélation prochaine d'une perturbation profonde dans les traditions, les habitudes, les relations commerciales et les manifestations de toute nature des populations entre elles.

Depuis longtemps déjà, la vieille société, battue en brèche par trois révolutions successives, s'écroule de toutes parts, minée et épuisée;

les bases fondamentales sur lesquelles elle s'appuyait depuis tant de siècles tombent en poussière; de nouvelles et vigoureuses aspirations prennent naissance de tous les points de la terre, et l'on se sent comme à la veille d'une de ces régénérations formidables déjà commencée, mais dont les dernières limites sont encore inconnues.

On comprendra dès lors plus facilement, cela paraîtra même très rationnel, que, comme conséquence d'un tel état de choses, le pays le plus avancé par ses lumières verrait converger vers lui des multitudes empruntées à l'univers entier, avides de le connaître, de juger de son degré de civilisation et d'en faire en un mot leur profit, comme aussi de s'adjuger tous les autres bénéfices matériels et moraux dont il est plus spécialement pourvu.

C'est ce qui est arrivé pour la France, placée sans conteste à la tête des nations.

L'empereur Napoléon III comprit très bien les côtés logiques de cette rénovation générale, ainsi qu'il l'exprimait dans ces mémorables paroles prononcées en décembre 1850 à l'Hôtel-de-Ville :

« Paris est le cœur de la France; mettons tous nos efforts à embellir « cette grande cité, à améliorer le sort de ses habitants. Ouvrons de « nouvelles rues, assainissons les quartiers populeux qui manquent « d'air et de jour, et que la lumière bienfaisante du soleil pénètre « partout dans nos murs. »

Mais avant tout, le Chef de l'État avait à se consacrer au rétablissement de l'ordre sans lequel rien de stable ne pouvait être entrepris. Avec sa perspicacité naturelle, l'Empereur entrevit facilement que tant et de si considérables modifications en toutes choses créaient une exceptionnelle et extraordinaire situation qui, peut-être, ne se représentera jamais, mais pour laquelle il devenait urgent, indispensable même, de pourvoir à d'importantes améliorations en harmonie avec de tels éléments d'avenir. C'est de ce jour qu'il rêva les travaux immenses accomplis depuis quinze ans dans Paris, et qu'après la proclamation de l'Empire, il en étudia les plans d'ensemble avec M. Haussmann, appelé en 1853 à la Préfecture de la Seine pour les réaliser.

« Si l'Empereur, dit M. le Préfet dans son récent rapport, a décidé la transformation de la capitale de l'Empire et couvert de sa protection l'accomplissement de cette œuvre colossale, c'est que l'accroissement de la population de Paris prenait un développement inattendu depuis l'établissement des chemins de fer rayonnant de cette ville vers les points les plus extrêmes de la France, et successivement reliés à tous les réseaux étrangers; c'est que la circulation des rues était de plus en plus difficile; c'est que les logements devenaient introuvables;

c'est que la sécurité et la salubrité de la cité réclamaient impérieusement l'ouverture de larges voies apportant avec elles l'espace, l'air, la lumière et un aspect général plein de grandeur. »

Si je me permets de toucher à la grande et noble personnalité de M. le Préfet de la Seine, ce n'est ni pour la discuter ni la défendre : elle n'en a point besoin. L'homme éminent placé à la tête de la ville de Paris se recommande à ses contemporains par des titres d'une telle notoriété, que tout ce qu'on en pourrait écrire ou dire n'ajouterait rien à sa juste renommée. Mais il m'a paru intéressant, en observant la marche si rapide, si curieuse et si bien remplie de l'administration qu'il dirige depuis 1853, d'essayer d'expliquer certains points sur lesquels la masse du public la moins instruite, et par conséquent la plus facile à égarer, s'est formée une opinion fausse qu'il ne saurait être mauvais de chercher à ramener dans le sens vrai. Ce n'est plus là, dès-lors, qu'une tâche facile faite pour captiver tout partisan de la vérité.

II

M. Haussmann, il faut bien le reconnaître, est aujourd'hui, sans contredit, l'homme de France dont on s'occupe le plus. On le prend à partie de tous côtés, sous toutes les formes, dans tous les styles, à tort et à travers, sans rime ni raison, et généralement dans un esprit plus systématiquement hostile qu'étayé de motifs sérieux. Il va sans dire que M. le Préfet de la Seine, sans paraître prendre autrement ombrage de ces clameurs continuelles, poursuit bravement, comme un lutteur fort et convaincu, l'entreprise formidable dans laquelle il est déjà si avancé, sauf à récolter pendant son cours laborieux les lauriers de la reconnaissance, ou comme cela a lieu plus ordinairement, les épines de l'ingratitude ; car le sort de l'homme supérieur et sa loi, dit M. Michel Chevalier, c'est d'être éprouvé et de ne triompher qu'après les plus rudes épreuves.

A ce propos se pose tout naturellement cette question : l'œuvre de M. Haussmann mérite-t-elle et justifie-t-elle, ainsi que son auteur, le bruit incessant qui se fait à différents titres autour d'eux? Sans hésiter je réponds carrément : oui. Je n'ai pas en ce moment à apprécier l'œuvre, je le ferai plus tard. Qu'on veuille bien, en attendant, m'accorder quelques lignes sur celui qui l'accomplit.

J'ai le regret de ne point avoir l'honneur de connaître M. Haussmann, ni de vue, ni autrement. Il ne m'est jamais apparu qu'en photographie, ce qui n'est pas suffisant pour donner une idée de la valeur d'un homme ; mais il m'a produit l'effet d'une de ces natures titanesques comme l'imagination s'en crée volontiers l'image en se représentant ceux que Dieu destine aux rudes labeurs et aux grandes missions. Ceci est pour le côté physique. Quant aux côtés intellectuels, le jugeant sur ses travaux, je proclame hautement M. le Préfet de la Seine une individualité hors ligne devant laquelle s'effacent celles de tous ses prédécesseurs.

Au surplus, voici le portrait qu'en ont tracé deux de ses plus spirituels biographes, pris dans deux camps opposés, et je ne saurais mieux faire que de le reproduire ici :

« M. le Préfet de la Seine est d'un aspect imposant. Son œil profond, bienveillant et fin, son visage tranquille et ouvert, respirent ce caractère de franchise et de décision dont l'empreinte se retrouve dans tous ses actes, de même que sa structure herculéenne annonce la force nécessaire pour les accomplir. Il n'est pas indifférent, en effet, d'unir la force à l'intelligence pour se tirer honorablement d'une telle complication de travaux, avant l'achèvement desquels la lame a souvent usé le fourreau. Grande figure stoïque où se lit une volonté aussi calme que ferme, parce qu'elle repose sur une conviction sérieusement loyale et honnête, vertu assez rare en ces temps de mollesse, d'indécision et d'incrédulité; on découvre également en elle de précieuses facultés préparant lentement l'élaboration d'idées toujours justes sur toutes choses, pour les appliquer au jour fixé sans faiblesse et sans hésitation.

« Hôte agréable et fastueux, homme d'esprit et de grand sens, il a toutes les supériorités et possède cette qualité bien rare de savoir supporter avec calme la critique, la discussion et même la contradiction. Plein d'éloquence, surtout quand il aborde l'objet de sa véritable destination, il a des mots incisifs, des audaces de style, des élans de fierté superbes. Il explique admirablement ce qu'il veut et y répand la lumière à flots. C'est le fait des hommes qui savent d'où ils partent et où ils vont. En effet, j'ai lu avec attention toutes les communications, tous les exposés écrits par M. Haussmann, et je n'ai jamais vu d'actes rédigés en un style plus net, plus concis, plus limpide, et dans lesquels le rédacteur se livre plus courageusement à la discussion. Ceux qui n'y veulent pas voir clair, c'est qu'ils ferment les yeux. Du reste, c'est avec raison que M. le Préfet peut dire que l'ampleur des exposés, des explications, des comptes-rendus présentés par l'administration municipale au public, l'ardeur même et la fréquence des controverses dont elle est l'objet, attirent l'attention de tous les esprits sérieux pour lesquels les affaires de Paris ne sont pas nouvelles, et lui conquièrent chaque jour des appréciateurs plus justes, des défenseurs plus nombreux.

« Chef de l'édilité, il a le sentiment de l'hygiène nécessaire aux grandes villes, l'instinct de la magnificence, l'appétit des perfectionnements nouveaux. Homme de progrès, il donne une idée exacte de ce que peut le génie uni à la volonté; il est très fier de toutes les améliorations qu'il a réalisées (il y a de quoi), et s'absorbe constamment dans l'étude de celles qui lui reste encore à conquérir. Travailleur infatigable et sans rival, depuis quinze ans qu'il est sur la brèche, il ne s'est pas reposé un instant, ce qui est une singulière manière de jouir de la fortune qu'on lui prête. La somme de travail que sait accomplir chaque jour cette puissante organisation, est incalculable. Seul, il prépare tout, coordonne tout, répartit tout, surveille, dirige et vérifie tout. En dehors de cette partie importante de l'administration de son département, on voit encore entrer dans ses attributions : un travail fréquent avec l'Empereur et ses ministres, des visites quotidiennes aux chantiers, des discussions avec les ingénieurs, des rectifications à la presse, des audiences aux administrés, la préparation des budgets de son ministère, des dissertations au Sénat, et à tout instant avec ses conseillers sur les sujets les plus graves, les plus délicats et les plus opposés; puis on le retrouve procédant aux inaugurations, improvisant et prononçant des discours, tout en faisant les honneurs de la capitale aux souverains, aux princes, aux notables de la cité. A cette nomenclature déjà corsée, qu'on veuille bien ajouter la situation exceptionnelle que lui présage le Paris nouveau, compliqué, formidable, qui s'est substitué à l'ancien et dont la réglementation doit être obligatoirement modifiée; situation exceptionnelle comme celle de la grande ville qu'il métamorphose, consistant notoirement à pouvoir siéger au Conseil des Ministres comme à pouvoir prendre la parole dans l'enceinte de toutes les assemblées pour défendre ses actes, et l'on conviendra que pour résister à une telle réunion de fonctions et de prérogatives, il faut être fabuleusement organisé. Ce serait payer plus cher qu'ils ne valent les honneurs et la célébrité, si des considérations plus utiles, plus élevées ne venaient justifier et récompenser de pareils labeurs. »

Tel est ce portrait emprunté à deux plumes distinguées, et ce n'est pas là, suivant nous, celui d'un homme ordinaire. D'abord, convenons-en, un homme qui étreint Paris comme l'étreint M. Haussmann; qui secoue l'antique Lutèce aux demeures malsaines comme un vieux prunier malade, et en fait tomber des quartiers entiers comme s'il ne s'agissait que de quelques pauvres masures; qui retourne la moderne Babylone à l'égal d'un gant, jetant bas de droite et de gauche des milliers d'immeubles; qui, fort de son droit, de la solidité de ses calculs établis avec une froide persévérance, marche résolument et avec la sérénité du missionnaire à son but régénérateur, acceptant sans jamais reculer la responsablité de sa tâche immense ; un homme qui a fait plus en quinze années pour l'honneur, la gloire, le bien-être, la prospérité de Paris et des Parisiens, que tous ses prédécesseurs, les édiles réunis, en dix-huit siècles, et qui joue ce rôle imposant sans rechercher les vaines satisfactions d'un puéril orgueil ; un tel homme n'est pas, à coup sûr, un homme ordinaire, mais bien une puissance de premier ordre avec laquelle il est glorieux de compter. Voilà mon sentiment.

III

Je n'ai donc pas à déguiser ici mon admiration pour M. Haussmann ; elle est sans bornes. Il me représente bien, appréciant sa conception de haut et dans son ensemble, une de ces rares organisations pleines d'une magique autorité dont je subis l'empire sans révolte et sans jalousie. J'aime les hommes qui dominent leurs semblables par l'irrésistible puissance des faits accomplis, et je m'incline respectueusement devant cette domination. Donc, à mes yeux, n'en déplaise à la critique, M. Haussmann est un grand homme, parce qu'il a cet esprit de conception, d'initiative, de droiture, de témérité, de rectitude, d'énergie, d'ampleur, de modestie, de pratique, en un mot de hautaine confiance dans la valeur utile de ses actes, qui constitue le caractère des grands hommes. Chez lui jamais l'hésitation ne vient paralyser l'exécution, parce que la marche générale de ses plans n'offre jamais d'incertitude. Il médite longtemps, mais ses méditations ayant fourni les projets définitifs, il en entreprend et en poursuit l'exécution avec autant de résolution que de rapidité. Faire vite et bien, voilà sa maxime, et elle est bonne et sage. On a voulu insinuer que ce système d'accélération dans l'accomplissement de l'entreprise pouvait être une cause de ruine, et que l'homme raisonnable mettait toujours le temps aux choses. Je ne pense pas qu'il soit bien utile de s'appesantir longuement sur l'inanité d'une pareille opinion, surtout si l'on considère qu'en matière d'édilité la main-d'œuvre entre toujours pour plus de moitié dans la dépense totale. Je persiste dès lors à penser, avec bon nombre d'esprits compétents en pareille matière, que la méthode la plus sage est de faire le plus vite et le mieux ce qu'on a conçu.

En vertu de cette maxime mathématiquement juste, M. le Préfet de la Seine, ainsi que le dit un de ses biographes, attaqua la ville sur tous les points avec une audace, une décision tout à fait énergiques, mais au fond desquelles on sentait le calme d'un plan immense très froidement étudié. Aux laideurs du passé se substituèrent les plus utiles et magnifiques choses. De vastes boulevards, de longues artères, d'immenses voies stratégiques sillonnant Paris dans tous les sens, furent conquis sur l'emplacement de ces rues étroites, insalubres, tortueuses, privées d'air, de soleil, et dans lesquelles croupissait une intéressante population. A ces premiers bienfaits vinrent se joindre la création de riantes promenades, de jardins, de squares incomparables que l'ingénieuse coquetterie du magistrat sema sur les buttes dévastées, sur les places arides; l'édification de palais, d'églises, d'écoles, d'hôpitaux, de salles d'asile, de casernes, de halles, de marchés, de théâtres, de maisons, autres palais, par milliers; de quais superbes encadrant de leurs remparts solides cette large Seine aujourd'hui sillonnée par une escadrille d'élégants petits vapeurs qui en animent le riche panorama. Bref, comme complément de ces merveilles apparentes, ces travaux encore plus étonnants exécutés sous terre, où existe maintenant une ville invisible dans les profondeurs de laquelle se développe et se renouvelle le triple réseau de ses égouts, de sa distribution d'eau et de ses conduits de gaz; ville unique au monde, plus curieuse, plus compliquée que le labyrinthe de la ville visible que nous habitons, et qui seule suffirait à établir la gloire de son auteur.

Grâce à cette promptitude d'exécution, les flots de voyageurs que chaque jour les chemins de fer déversaient dans la capitale purent y circuler et s'y loger agréablement. Ces multitudes de passants, de citadins qui sillonnent sans interruption la grande ville, reconnurent, en la traversant dans ces nouvelles conditions, combien la ligne droite substituée aux zig-zags, aux crochets, aux sinuosités de l'ancienne édilité, leur apportait de diminution dans le trajet; combien aussi dans cette vaste hécatombe d'immeubles vermoulus et dans les réédifications qui en furent la conséquence, tous les quartiers avaient été traités avec la même sollicitude, avec un égal dévouement à leurs intérêts, à leurs légitimes prétentions.

Cette métamorphose presque féerique, cette régénération de la capitale indiquée d'ailleurs, comme le dit M. Alex. Dumas fils, par le mouvement général opéré dans les mœurs, par les rapports internationaux de jour en jour plus développés, par les conquêtes des idées et des sciences, par la plus grande connaissance que l'homme avait acquise de lui-même, par l'accroissement d'un public sans cesse renouvelé, bref, par la marche du temps et des progrès; cette célérité incomparable dont aucun précédent n'existait encore, stupéfièrent les habitants de Paris. « Ils ne pouvaient se rendre compte, au début, de ce phénomène d'activité qui consistait à conduire de front et sans confusion les travaux les plus opposés, et permettait de relier presque tous les points de la ville par des voies magnifiques qui perçaient et livraient au grand jour les quartiers les plus déshérités. Depuis, il est vrai, la bonne conception de l'ensemble, le merveilleux accord de toutes les parties de cette grande opération, l'intelligente compréhension de tous les besoins de la circulation et la satisfaction qui leur était donnée, leur apparurent escortés des améliorations sans nombre dont ils profitaient déjà. Ils voulurent bien également voir l'édilité attentive de notre temps pénétrer partout pour tout assainir, éclairer, approvisionner, enrichir, embellir; les splendides quartiers qu'on allait chercher autrefois se rapprocher de chacun, déterminant ainsi désormais moins d'empressement à changer de demeure; la concorde publique ne pourrait qu'y gagner, et, en même temps que la prospérité et l'aisance, s'étendre sur l'auguste cité.

L'évidence de ces vérités était trop réelle pour pouvoir être sérieusement discutée. Néanmoins, il est certain que ce n'est pas vainement qu'on porte une perturbation profonde dans les habitudes enracinées d'une population aussi maniaque que celle de Paris; qu'on bouleverse les usages, les pratiques d'une telle ville. Et l'audacieux agissant de la sorte doit s'attendre à voir ses actes téméraires, si utiles, si grands qu'ils soient, en butte à de nombreuses, violentes et souvent injustes réclamations. Cette remarque, M. le Préfet de la Seine, dans son rapport du 18 juin dernier, nous apprend l'avoir faite aussi :

« L'étude attentive des mouvements de l'opinion publique à Paris m'a fourni un curieux enseignement, excellent à noter. En général, une œuvre nouvelle éveille une impression défavorable par cette raison qu'elle constitue un changement et trouble les habitudes de la vie. Mais cette impression est éphémère; elle fait bientôt place à des appréciations plus justes et plus bienveillantes. Ainsi fut critiquée au début la transformation du bois de Boulogne que chacun admire aujourd'hui; ainsi fut blâmée tout d'abord la destruction de plusieurs hôtels et de grandes maisons qui faisaient obstacle à l'ouverture du boulevard Malesherbes. Quelqu'un pense-t-il aujourd'hui qu'on ait eu tort d'ouvrir la grande artère qui a métamorphosé si complétement, en les rendant abordables, tous ces espaces qui faisaient tache sur la carte de Paris entre la Chaussée-d'Antin et le faubourg Saint-Honoré? Ainsi disparaîtra l'émotion que produit en ce moment la démolition de quelques maisons de la rue de la Paix et du boulevard des Capucines, lorsque le regard pourra embrasser le bel ensemble des voies magistrales qui rayonneront de toutes parts sur cette vaste place du nouvel Opéra dont si peu de personnes savent se faire encore une idée nette. »

Quoi qu'il en soit de l'exactitude d'un tel jugement, il n'en est pas moins vrai qu'exploitant habilement les peines de cœur du Parisien, quelques rêveurs encroûtés, archéologues de brasserie, romantiques endurcis, mélanges d'ignorance et de puérile vanité, criant bien haut que l'humanité doit avancer, mais qu'il faut laisser en place les œuvres du passé, persuadèrent sans trop d'efforts au citadin ennuyé qu'il devait regretter et préférer les cloaques du vieux Paris, les maisons où il fallait allumer en plein jour, les ruisseaux aux eaux fangeuses coupant en deux les rues sur leur longueur, les monuments, les places, entourés, encombrés d'échoppes hideuses, les bouges insalubres, les ruelles aux obscurités malsaines, les égouts aux exhalaisons corrompues, les recoins noirs et nauséabonds, les rues étroites et dangereuses, les impasses obscènes, les cours humides, les murs gluants, les carrés aux plombs fétides, les caves mystérieuses, les escaliers impraticables, les jours vitreux et funèbres, l'éclairage aussi sale que sinistre des blafards réverbères, les quais aux embuscades criminelles, bref, tout ce foyer de pestilence, de misère et de laideur du passé, à nos demeures aérées, à nos places libres et spacieuses, à nos riantes avenues, à nos verdoyants squares, à nos vastes esplanades, à nos rues droites et propres, à nos pavages somptueux, à nos quais magnifiques, à ces flots de lumière qui font des jours non interrompus, à ces larges chaussées, à ces ombrages odorants et protecteurs, à ces fontaines sans nombre d'où jaillit incessamment une eau fraîche et potable, à ces conduits souterrains, absorbeurs de toutes les immondices dont l'aspect ne souillera plus à l'avenir la vue des promeneurs, à ces accroissements fabuleux qui, des cent hectares dont se composait l'ancien Paris, les ont élevés au chiffre énorme de huit mille; enfin à ces bouleversements utiles et féconds, sous prétexte que ce vieux Paris si mal mené était plein de *chic!!* Il y a quarante ans, ces doléances eussent pu avoir quelque crédit. Malheureusement, depuis cette époque, on a tellement abusé du *chic* substitué à la réalité; on l'a tellement mis à toutes sauces dans tout et partout, qu'aujourd'hui il a fait son temps. Quant à nous, si nous avions quelque chose à déplorer, c'est, tout en faisant la part du sentiment artistique, que les derniers fragments de ce soi-disant Paris si plein de *chic* n'eussent point encore complètement disparus pour faire place à de blanches et saines habitations.

Aussi, sans donner autrement d'importance à ces regrets grotesques, je préfère applaudir aux actes réels, nombreux, considérables de l'administration de M. Haussmann, et constater que tout ce que son génie novateur a créé, tout ce que sa main a dirigé, est marqué au coin d'une puissance et d'une utilité surprenantes. En débarrassant Paris de ces quartiers immondes qui le déshonoraient et devenaient forcément à de certaines époques, autant de foyers pestilentiels, ainsi que j'en trouve une fidèle mais navrante peinture dans les *Éphémérides* de M. Eugène d'Auriac, du *Siècle*, numéro du 8 octobre :

« 1750. — Arrêt du lieutenant général de police Bertin, ordonnant que les voiries de Paris seront supprimées et que les boues et autres immondices seront transportées hors des faubourgs de la ville. — Tout le monde sait combien Paris était sale, boueux et infect au temps passé. François Ier se plaignait encore en 1539, et disait que la ville de Paris était « orde et pleine de boues, fiens, gravois et autres ordures jetés devant les habitations. » Or, pour se débarrasser de ces immondices, on les jetait en certains lieux, dits voiries, où ils formèrent bientôt des buttes et monticules. Ces lieux avaient été de tout temps désignés et réservés à l'extérieur des murs; mais la ville, en s'agrandissant, les laissait toujours à l'intérieur. Il y avait là un foyer d'infection que le lieutenant général de police voulut détruire au milieu du siècle dernier, et il ordonna le transport des immondices hors de Paris. Le souvenir de quelques-unes des anciennes voiries de la ville nous a été conservé sous les noms de butte Saint-Roch, motte aux Papelards, monceau Saint-Gervais, etc. »

Donc, en privant la grande ville de ces impuretés, le Préfet de la Seine lui a rendu un service important en même temps qu'il en a fait une capitale digne du premier peuple civilisé du globe.

Pour l'étranger comme pour le citadin, il ne devrait y avoir qu'une opinion à cet égard. Empressons-nous d'énoncer que l'étranger reconnaît le fait sans hésitation. Nous en avons entendu un nous dire : Si j'avais à juger M. Haussmann comme un touriste émerveillé qui, ayant visité la terre entière et n'ayant rencontré dans aucune des grandes capitales du monde ni l'aspect grandiose de Paris, ni ses côtés salubres, ni sa sécurité, ni la variété de ses plaisirs, je ne sais trop comment je lui en exprimerais ma reconnaissance et ma satisfaction. Mais si j'avais à en parler comme humble piéton et citadin obscur, ce serait bien autre chose : je proposerais de lui élever une statue à l'entrée de chaque boulevard, de chaque square. En effet, désormais pour le piéton, les courses de quelque nature, de quelque longueur qu'elles soient, ne sont-elles pas devenues d'agréables promenades dans lesquelles disparaissent tous les ennuis et les inconvénients attachés au vieux Paris? S'il est fatigué, d'innombrables voitures, se croisant dans tous les sens, ne le transportent-elles pas, moyennant une faible redevance, d'une extrémité de Paris à l'autre? Le soir, pour se distraire en famille, n'a-t-il pas les squares aux frais ombrages, les pelouses toujours vertes des jardins où ses enfants viennent s'ébattre à leur aise, et dans lesquels toutes les classes de la population, rapprochées par la jouissance commune de ce luxe bienfaisant, peuvent contempler sans cesse l'aspect vivifiant de l'eau, de la verdure et des fleurs; ou, s'il le préfère, n'a-t-il pas encore les promenades, les divertissements de tout ordre, les concerts publics? Le dimanche, ce sont les grands parcs aux rivières vives, aux lacs unis, aux cascades inépuisables; les expositions riches de trésors infinis; les musées où fourmillent les œuvres des maîtres de tous les pays; les spectacles, la campagne dans toutes les directions, c'est-à-dire une foule de distractions inconnues il y a vingt ans. N'est-ce pas là pour le citadin pauvre des avantages si précieux, si indiscutables, qu'aucun d'eux ne devrait opposer la moindre objection à mon sincère enthousiasme?

Naïf étranger! c'est justement ici que se présente pour M. le Préfet de la Seine le revers de la médaille. Le Parisien admire bien en effet, comme vous, tous ces somptueux travaux; il en veut bien reconnaître de même l'urgence, le charme et l'utilité, mais ils ont le tort à ses yeux de coûter quelque chose. Vous avez beau lui répondre qu'il n'y a pas eu la moindre augmentation d'impôt, fait des plus extraordinaires en une telle occurence; qu'il est impossible de transformer une ville comme Paris, de lui procurer tout à la fois la splendeur des grandes cités et les côtés salubres des contrées les plus favorisées dont elle jouit déjà, sans que cela coûte quelque chose; que ce n'est, au contraire, qu'après une longue et pénible période d'études et de travaux, d'efforts et de sacrifices, qu'il est donné à l'administration municipale de faire recueillir successivement par la population les fruits de ses labeurs et de ses soins, et qu'en échange, c'est bien le moins que celle-ci y apporte ses forces contributives.

De la logique? du sens commun? Bon! Le Parisien n'en veut pas. Cet intelligent bipède, bien plus amoureux de la forme, de la surface et des apparences que du fond des choses, aime d'abord et sous n'importe quel prétexte à les tourner en dérision, car il est, avant tout et par excellence, gouailleur et frondeur au premier chef. L'incessante ébullition des brillantes facultés que le ciel lui a si généreusement départies, surtout, comme le dit encore M. Alex. Dumas fils, à ce moment de notre siècle si bizarre, si curieux, si inquiet, si sceptique, si crédule, si nerveux, si exagéré, si sentimental, si révolutionnaire, si bon enfant, si fou enfin; cette incessante ébullition réclame toujours une personnalité à immoler, et tombe naturellement sur celle que les circonstances mettent le plus en évidence. A ce compte-là, nul plus que M. Haussmann ne méritait la palme. Tout aussitôt et sans perdre un instant, notre Parisien se met à *blaguer*, — pour me servir de l'expression pittoresque du jour. — Sous Mazarin on disait *chanter*, mais le fond est le même et le résultat aussi.

Donc, *blaguer* d'abord, voilà l'idéal du Français et particulièrement du Parisien.

C'est nécessaire à son tempérament, à sa santé, à son existence. Il faut qu'il blague tout et toujours. Vous lui donneriez une pièce de vingt francs pour une de cinq, qu'il trouverait encore le moyen de blaguer; à bien plus forte raison si vous venez lui en demander. Bref, l'amour de la blague est tellement invétéré en lui, que le jour où il n'aura plus personne à blaguer, il se blaguera lui-même. Il n'y a donc rien à espérer de ce côté-là. Mais comme, en somme, tout défaut à son équivalent en qualité, ses blagues débitées, le Parisien constitue encore le peuple le plus exact à remplir ses obligations.

Du reste, le Français blagueur n'est pas à craindre; Mazarin l'avait très habilement deviné. C'est quand il ne rit plus, que le Français est à redouter. Tant qu'il rit, même des choses les plus dignes, les plus nobles (ne rit-il pas de tout), ces choses-là seront sûrement acceptées par lui. Quand, au contraire, les choses qui prêtent le plus à rire le trouvent froid, indifférent, gare la bombe! Mais ce n'est pas là le cas de M. Haussmann, car on n'a jamais moins ménagé à ses actes préfectoraux les boutades, trop souvent niaises malheureusement, ni les jeux de mots, également bien faibles, hélas! N'a-t-on pas été jusqu'à décerner à M. le Préfet la paternité d'un verbe excessivement *actif?* M. Haussmann peut donc être tranquille. Tant qu'il excitera la verve de ses concitoyens, son trône ne chancellera pas; mais le jour où, par malheur, on se mettra à lui décerner des éloges qu'il mérite bien, entre nous, je l'engagerai beaucoup à ouvrir l'œil au bossoir, car il est certain qu'une tempête se forme à l'horizon.

Etrange et merveilleux caractère, après tout, que ce caractère français si plein d'inconséquence, de caprices, de fantaisies, de ressources, de sens et d'absurdité! Mais que voulez-vous? Enfiévré comme il l'est depuis une vingtaine d'années, le Parisien d'aujourd'hui est devenu impatient jusqu'à l'injustice et voudrait que les choses fussent achevées avant même d'être commencées. Il semble que le ciel lui marchande si parcimonieusement la vie, qu'il n'ait jamais le temps de jouir de ces choses en train, que quelques années suffiront pour terminer. Il ne veut pas semer pour récolter, ni travailler pour ses successeurs. Egoïste jusqu'à la cruauté, il lui faut des résultats immédiats. C'est un état qui a été très laconiquement et spirituellement défini dans *Paris ventre à terre*, de M. Barrière : « Où allez-vous? — Je ne sais..., mais il faut absolument que j'y sois à trois heures précises. — *J'y serai avant lui!...* » « En trois mots voilà notre belle vie moderne dépeinte, ajoute M. de Pène dans son rendu compte de cette comédie de mœurs. On ne sait pas où l'on va, mais c'est à qui arrivera le plus tôt. Vapeur, électricité, ballons, télégraphie, vélocipèdes, chevaux de course, la vie à outrance, la vie en train express, la vie à grandes guides. » « Nous autres Français, nous ne savons pas attendre, dit M. Litton, du *Siècle.* » « Le peuple français, — cet enfant terrible remuant, changeant et impatient, » écrit de son côté M. Jouvin dans le *Figaro.* Ce besoin d'arriver vite, de bénéficier des changements le plus rapidement possible, est tellement impérieux, tellement implacable, qu'il se manifeste en toute circonstance. Ainsi, pour n'en citer au hasard qu'un exemple purement matériel entre une foule d'autres de diverses natures, tout observateur a pu remarquer, dès qu'une démolition créant une percée permet d'arriver plus directement d'un point à un autre, avec quelle *furia* l'habitant de Paris s'enfonce dans les gravois, dans les trous, dans les ornières, quitte à recevoir sur la tête quelque tuile égarée, plutôt que prendre son chemin habituel qu'il mettrait deux minutes de plus à parcourir sans danger. De cette impatience, de cette avidité de jouissances hâtives, souvent remplacées par le sentiment tout opposé, naissent et s'entrecroisent en tous sens ces flots de diatribes et de pamphlets, toutes ces rages d'enfant gâté intelligent à l'adresse du hardi réformateur, trop lent ou quelquefois trop prompt, à son gré, dans l'achèvement des travaux, mais à coup sûr toujours trop pressé d'en demander le paiement. Ah! si M. Haussmann avait pu opérer ces transformations à la baguette, comme cela se passe dans les féeries, et qu'un beau matin en s'éveillant le Parisien ébouriffé se fût tout à coup trouvé en face de ces prodiges exécutés depuis quinze ans, il n'eût pas reproché si amèrement à M. le Préfet le chiffre de son budget; il l'eût soldé séance tenante en proclamant son édile un grand homme!

Mais non! avoir fait en ces quinze ans ce que tous les préfets de Paris n'ont pu faire en autant de siècles, ainsi que nous le disions en commençant, c'est beaucoup trop de temps consacré à une telle œuvre ou ce n'est pas assez; on ne le saura jamais au juste. Infortuné M. Haussmann! c'est pourtant lui dont l'intelligence inventive, délicate, fine et spirituelle, s'est ingéniée à réunir dans Paris tout ce qui peut flatter le goût, satisfaire les désirs, combler les souhaits de cet être grondeur, taquin, exigeant, tapageur, indéfinissable, indisciplinable, incompréhensible, mais vraiment pittoresque, unique, amusant, pas méchant et pas rancunier, qu'on nomme le Parisien! Je ne parle pas des étrangers qui, si exigeants qu'ils soient, ne sont que des enfants à côté de notre citadin. Eh bien! tout en convenant de ces choses, tout en reconnaissant que sa capitale n'a jamais été ce qu'elle est et surtout ce qu'elle sera, le Parisien, après avoir blagué, changeant soudain son fusil d'épaule, éprouve un autre et singulier besoin, celui de se lamenter, de crier comme un pauvre diable tout vif écorché, renvoyant au Préfet de la Seine, à défaut de tout autre récrimination, ses griefs relatifs aux loyers, aux vivres, aux impôts, etc., etc.

C'est suffisamment comique, n'est-ce pas, bien que ce soit toutefois assez naturel et assez ordinaire chez ce type étincelant de contradiction? Eh bien! ces plaintes, ces criailleries, tout ce cortége d'épigrammes dont les pointes voudraient être d'acier et ne sont que de fer-blanc, ne seraient rien à côté du vacarme que ferait notre bonhomme de Parisien si on ne lui avait pas donné précisément tous ces grands, magnifiques et indispensables bienfaits, objets de ses lamentations et de ses sarcasmes. C'est alors qu'on en entendrait de belles : Paris par ci! Paris par là! Il est propre... votre Paris... parlons-en! On nous avait promis ceci et cela... et on ne fait rien! Toujours des promesses, jamais d'exécution! Quand cela finira-t-il? Dieu seul le sait, avec des hommes si indécis, si baguenaudiers! Aussi, est-on bien venu de vanter Paris! Il est joli, en effet! A la bonne heure Londres, Saint-Pétersbourg, Rome, Berlin, Florence, etc., etc.! voilà des capitales dignes de fixer l'admiration des visiteurs! Mais Paris! allons donc! c'est un bouge, une auberge! Du reste, ce n'est pas étonnant, avec des préfets qui n'osent rien entreprendre, ont toujours besoin de ceci et de cela, commencent les choses et les laissent en plan, sous prétexte d'attaques incessantes, de polémiques passionnées; des préfets dépourvus d'initiative, de conception, de partis pris! Il faudrait là, au contraire, un de ces hommes sérieux, énergiques qui, après avoir étudié les besoins de la capitale, les améliorations à y introduire, les changements à y opérer, marchât carrément au but sans s'occuper de tout ce qu'on dit et pense autour de lui. Oui! mais où trouver un pareil homme?

Or, l'homme étant trouvé et ayant accompli précisément ce que désirait notre Parisien, cet homme n'est plus propre à rien... en attendant que plus tard on lui élève des statues, car, à l'égard de M. Haussmann, je ne suis point inquiet de la glorification de son travail; elle viendra bien assez tôt surprendre sa modestie. Mais pour le moment, c'est un dilapidateur, un fou, un imprudent, un ci, un çà... c'est... ou plutôt que n'est-ce pas?

Oh! le Parisien! En vérité, on le peut dire, il serait plus facile d'emporter l'Arc de Triomphe dans sa poche que de contenter cet étrange, bizarre et fantasque personnage connu dans l'univers... et dans mille autres lieux, sous le nom de Parisien !...

Mais il est temps de le dire ici : M. Haussmann les sait bien par cœur, ce Parisien et sa capitale, et à propos du débat sur la nomination du conseil municipal par le suffrage universel, il lui a joliment rivé son clou à ce brave habitant de Paris, et cela bien gentiment et sans aucune méchanceté, je vous l'assure. Il faut lire ce portrait étonnant, d'une touche tellement heureuse et habile qu'on ne saurait à quel écrivain en attribuer le mérite, même y compris Balzac, s'il existait encore. C'est une des plus amusantes manifestations d'un esprit bienveillant dans sa force (car le sujet était bien à la merci du Préfet), qu'il ait été accordé de lire depuis longtemps. On y sent des idées générales bien arrêtées et originales en ce sens que nul ne les avait eues avant cet intelligent magistrat. Impossible de définir avec plus de clarté, de précision, de justesse, ce qu'est en réalité ce Parisien et surtout cette ville de Paris qu'un ensemble de circonstances place dans cet état exceptionnel et sans précédent dont nous parlions au début. Ajoutez à cela la plus judicieuse observation fortifiée du bon sens administratif, et vous reconnaîtrez de bonne foi que, si instruits, si littéraires, si spirituels qu'aient été les prédécesseurs de M. Haussmann, il n'est aucun de leurs écrits qui se puisse mettre en ligne avec ce chef-d'œuvre aussi gaulois qu'un chapitre de Rabelais. On peut même certifier qu'il est difficile de comprendre qu'en cette situation si terriblement positive de préfet de la Seine, on puisse arriver à tracer avec autant de littérature et d'élégance dans la forme, la photographie de cette physionomie fugace et gamine de Paris et de ses habitants. C'est tout uniment le génie de l'observation aidé d'une science et d'un esprit peu communs, quoiqu'en disent les railleurs de la grande et petite presse, et La Bruyère n'eût été ni plus correct ni plus fin, comme Molière plus mordant et plus vrai.

Dans cette page merveilleuse, M. le Préfet de la Seine n'a point de peine à démontrer victorieusement « combien il est difficile de trouver dans les deux millions d'habitants qui composent la population de Paris le moindre lien municipal, les moindres affinités d'origine. En effet, la plupart n'appartiennent-ils pas à d'autres départements, beaucoup à des pays étrangers? Et, pour eux, Paris est-il autre chose qu'un immense chantier de travail, une arène d'ambition, un lieu de plaisir, mais un pays? non ! Il en est de même des jeunes gens accourus de tous les points du monde pour suivre leurs cours d'études ; des ouvriers par centaines de mille, venant y chercher des salaires élevés et amasser un pécule qui leur permette de se retirer ensuite chez eux ; de cette masse toujours renouvelée de personnes déclassées, de gens à bout de ressources, d'inventeurs de combinaisons chimériques, de rêveurs, de viveurs, d'utopistes, de banquistes, de charlatans, etc., etc.

« Cette population mobile a ses caprices, ses entraînements et ses retours. Nulle capitale au monde n'offre de tels assemblages, de tels contrastes, de telles difficultés de pondération. Tout y est réuni : les ambitions satisfaites qui veulent jouir et les ambitions en travail qui veulent s'élever, ce qui s'appuie sur la tradition et demande la stabilité, ce qui aspire aux nouveautés et se précipite vers le mouvement. Tout s'y concentre : le siége du gouvernement du pays, les priviléges du rang et de la fortune, l'élite des intelligences, les écoles, la presse, les théâtres, un commerce immense, une industrie active, des ouvriers innombrables et de tous les étages ; tous éléments impressionnables et divers, animés des plus hétérogènes dispositions ; agglomérations, invasions de *nomades* au milieu desquelles le Parisien de race pure disparaît à peu près et disparaîtra avant peu tout à fait. Car, en effet, isolés, perdus dans la foule bigarrée de la capitale, les Parisiens n'ont plus aucun moyen de se compter ni de se grouper. Pour eux, la commune n'existe pas, ne peut pas exister. » C'est une singularité, sans doute, relevée en traits si saisissants par M. le Préfet, qu'on la lui a reprochée, en ce sens qu'il a semblé étrange qu'un préfet de Paris niât en quelque sorte l'existence du Parisien à Paris. Mais l'implacable statistique est là, et il faut, de gré ou de force, s'incliner devant elle.

Il résulte donc de ce fait intéressant que ce qui manque surtout à Paris ce sont des Parisiens. Il n'y a pas plus de Parisiens à Paris maintenant qu'il n'y a d'indigènes à San-Francisco. Il n'est plus peuplé que de provinciaux, dit M. Edouard Boinvilliers ; c'est le provincial qui règne en maître dans la capitale conquise ; il détient toutes les places — au Sénat, au Corps législatif, au Conseil d'Etat, dans les administrations publiques, dans les arts, dans les sciences, où se montrent du doigt les derniers Parisiens. Cette fiévreuse tour de Babel n'est plus qu'un gigantesque kaléidoscope reflétant toutes les bigarrures des mille courants qui la sillonnent sans relâche, et dans lesquels se trouve entraîné, confondu, le Parisien, aujourd'hui bâtardé de cent peuples divers. Et l'on voudrait confier à ce nomade, — mot aussi juste que charmant dont les citadins sont furieux, car s'ils aiment bien à manier la blague, ils n'aiment guère, en revanche, qu'on la retourne contre eux, — l'on voudrait, dis-je, confier à ce nomade qui ne saurait donner lieu à aucune institution de municipalité, dit *l'Union*, à ce nomade en état de vagabondage permanent, à ce Bohême, à cet Athénien, à ce Béotien, à ce François Villon, à ce Pierre Gringoire, à cet antipode du dieu Terme, à ce Privat d'Anglemont, à ce Juif-Errant d'habitant de Paris, — j'allais dire Parisien, mais il n'y en a plus, — la nomination de son conseil municipal? Allons donc! ce serait la dernière des aberrations, une de ces bouffonneries capables d'aller de pair avec celles de nos meilleures scènes de genre; et ce nomade doit s'estimer au contraire très heureux qu'un homme de la valeur de M. Haussmann, qui est plus Parisien à lui seul que tous les habitants de Paris, par la connaissance qu'il a de leurs besoins, veuille bien consacrer seize à dix-huit heures par jour sur vingt-quatre à lui organiser pour le présent et l'avenir une capitale incomparable.

Voici, au surplus, ce qu'on lisait à ce sujet, le 16 juillet 1868, dans le *Nain Jaune*, feuille médiocrement dévouée à M. Haussmann, comme chacun sait :

« Avant-hier, Paris était un peu sens dessus dessous. Le Parisien était en proie au déménagement. *Il s'expulse ainsi généralement d'une façon assez régulière* et, pour ainsi dire, *à chaque trimestre*, des lieux où il a déposé ses pénates *pour quelques mois seulement.*

« *Cette fureur du déplacement qui caractérise les bons habitants de Paris, grands et petits*, ne prouve pas précisément qu'ils se trouvent mieux dans les modernes palais de nos jours que dans les *vieilles masures* tombées sous le souffle irrésistible de M. le Préfet de la Seine; — mais il faut être juste et ne pas reculer devant la vérité.

« OUI! LE PARISIEN EST NOMADE PAR NATURE, PAR TEMPÉRAMENT, PAR HABITUDE, ET NOTRE GRAND ÉDILE L'A BAPTISÉ DE SON VÉRITABLE NOM! — Ainsi ces braves habitants de Paris, qui se plaignent de la cherté des loyers, trouvent encore le moyen d'ajouter trois ou quatre fois par an quelque chose à la dépense causée par la nécessité imposée à chaque citoyen d'avoir un domicile quelconque et de ne pas coucher à la belle étoile. *C'est ainsi que le Parisien s'entend à alléger son budget.* »

Voilà donc un point très clair, un jugement pleinement ratifié : l'habitant de Paris est essentiellement nomade. Mais ne l'en blâmons pas trop, car en ceci il ne fait qu'obéir à son caractère léger, insouciant, irrésolu, inconséquent, qui lui-même est le résultat du climat plein de mobilité qu'il habite. Du reste, l'on sait très bien maintenant que sur les cent mille individus, par exemple, qui composent un arrondissement, il n'y en a pas la moitié qui y réside un an, de même qu'il n'y en a pas vingt capables de donner un renseignement ayant le sens commun sur les améliorations, les bienfaits dont la nécessité soit démontrée pour cet arrondissement. Chacun en ce qui le concerne, trouve volontiers qu'il y aurait quelque chose à faire, mais, bien entendu, à la condition expresse que ce quelque chose lui profite personnellement et exclusivement. Si cette amélioration, au contraire, doit favoriser le voisin, aussitôt la critique et le dénigrement commencent, sans prendre encore un caractère général. On se borne à jaser, à discuter entre voisins, entre amis. Il n'y a que le jour où les magistrats chargés de ce soin, après avoir approfondi la question dans le sens général cette fois, viennent proposer un plan désintéressé, que les habitants, réveillés comme en sursaut, entonnent leur bruyant tra la la.

Du reste, M. le Préfet paraît m'avoir fait l'honneur de le comprendre comme moi; car dans son rapport du 18 juin 1868, je trouve à ce sujet le paragraphe suivant :

« Un fait très curieux à observer, c'est la facilité avec laquelle cer« tains critiques, après avoir cédé aux tendances frondeuses de leur « esprit pour décider qu'on a entrepris trop de travaux à la fois, qu'on « a voulu mener les choses trop vite, et qu'on eût sagement évité bien « des embarras en faisant beaucoup moins tout d'abord, se montrent « étonnés, sinon même irrités, *de la prétendue négligence apportée par « l'administration municipale à commencer telle ou telle opération dont « ils sentent personnellement l'utilité et qu'ils apprécient mieux, dès « lors, que celles qui ont été entreprises hors du rayon de leur sollici« tude. Sans doute on croit échapper au reproche de contradiction, pré« cisément parce qu'on nie les avantages des opérations auxquelles on « n'est pas fort directement intéressé.* Mais pour tout homme impartial, « il y a un enseignement, et pour l'édilité parisienne une justification « dans les deux manières si différentes dont beaucoup de personnes « jugent les actes de celle-ci. »

Et c'est toujours ainsi que cela se passe. Voilà des citadins parfaitement ignorants de l'état de leur arrondissement qui, dès qu'un projet très étudié leur est soumis, ouvrent le feu des critiques en le dirigeant, toujours avec assez d'habileté cependant, sur les points qui les touchent le plus essentiellement. Aussi, je le dis avec certitude, si l'on voulait examiner les réclamations innombrables et presque constamment absurdes que peut produire l'annonce d'un changement dans un quartier, on s'assurerait que chacune de ces réclamations est intéressée, c'est-à-dire que les habitants d'une rue l'approuvent, tandis que ceux de la rue à côté la condamnent, suivant qu'elle blesse ou favorise leurs projets, et qu'enfin, si l'on voulait s'astreindre à prendre chaque réclamation en considération, on finirait par n'y plus rien comprendre du tout.

C'est là l'abîme où sont tombés tous les gouvernements précédents. Pendant qu'ils discutaient, — et Dieu sait s'ils aimaient cela, — les années s'écoulaient, les idées se modifiaient, progressaient, se transformaient, et, un beau jour, perdus dans leur labyrinthe de discussions, ces idées nouvelles les envahissaient et les emportaient sans qu'ils eussent presque laissé traces de leur passage. Ce fut donc une mesure à la fois salutaire et rationnelle que la nomination du conseil municipal par l'Empereur, et il suffira d'une citation empruntée à M. le Préfet lui-même pour la bien expliquer.

IV

« Paris, par la composition hétérogène, mouvante, cosmopolite de ses habitants, ne peut être considéré comme une commune. C'est tout autre chose, c'est une capitale, la capitale de l'Empire, c'est-à-dire la propriété collective du pays entier et la cité de tous les Français.

« Paris appartient donc à la France entière. C'est le centre de la puissance publique, le séjour du souverain, le siége des grands corps de l'Etat et de presque toutes les institutions nationales. Tout y aboutit : grandes routes, chemins de fer, télégraphes. Tout en part : lois, décrets, décisions, ordres, agents. Les énergiques moyens de centralisation organisés à Paris de siècle en siècle par les divers gouvernements en ont fait l'âme de l'empire.

« Paris est la centralisation même.

« A Paris se rencontrent en même temps et se développent par un mutuel contact toutes les intelligences, toutes les activités de la nation. C'est le foyer des lettres, des sciences, des arts; c'est là que s'élaborent les idées, que s'exaltent les sentiments publics; que l'opinion, avec ses lumières, ses pénétrations subites, naît et grandit en une heure pour exercer au loin, sur la province comme à l'étranger, une irrésistible influence.

« L'ordre de cette cité reine est une des premières conditions de la sécurité générale; sa splendeur rejaillit sur tout le pays; le bien-être de la population si nombreuse qui y passe, importe à presque toutes les familles de France et n'est point indifférent à la paix publique; la facilité de ses accès est une nécessité pour toutes les productions des départements qui affluent sur ce grand marché; la commodité des points où se concentrent les approvisionnements, où s'opèrent les transactions; l'installation favorable de tous ses établissements d'instruction, ses monuments publics, ses promenades, tout excite l'attention, contrarie ou satisfait des vœux ou des intérêts dans la France entière.

« D'un autre côté, l'Etat intervient plus ou moins directement dans les affaires de la ville; il concourt non-seulement à l'embellir par les palais et les monuments qu'il y élève, par les fondations et les musées qu'il y entretient, mais encore par une participation permanente aux dépenses de certains services et par des subventions applicables aux entreprises d'édilité qui dépasseraient les forces contributives de la population comprise dans l'enceinte municipale. Cette intervention, ce perpétuel concours suffiraient pour révéler le lien intime qui unit, à Paris, l'intérêt municipal à l'intérêt général.

« Comment donc livrerait-on la gestion d'affaires dans lesquelles l'Etat, la nation sont si étroitement engagés, à un corps émané d'une élection locale, avec ses vues relativement étroites, égoïstes, et ses chances de changement et de caprice? L'organisation indépendante de la municipalité de Paris, sous quelque forme qu'elle soit conçue, ne serait autre chose que la création d'un Etat dans l'Etat, la pire organisation qui se puisse voir, ainsi que l'ont bien prouvé les exemples du passé, pour les gouvernements animés du désir de sortir du *statu quo*.

« En effet, ce qui se fait pour Paris ne se peut faire pour aucune autre capitale. Paris a revêtu, depuis quinze ans notamment, une physionomie tellement personnelle, un caractère tellement propre, que ce qui s'y pratique ne saurait se pratiquer ailleurs, et que vouloir établir à Paris, ce caravansérail du monde bien plus que la capitale d'un empire, un Conseil municipal obtenu par le suffrage universel, comme cela a lieu pour une capitale départementale dont les habitants font pour ainsi dire partie du sol, est, à coup sûr, tenir bien peu compte de la différence totale qui existe entre ces deux populations.

« Tel fut le motif qui dicta la loi organique de 1855 relative au conseil municipal. Sous le régime de cette loi, l'origine des pouvoirs du conseil municipal ne lui permet pas de devenir l'instrument d'un antagonisme systématique entre les intérêts de la ville et ceux de l'Etat. Mais la profonde sagesse qui a inspiré cette loi et qui en suit l'exécution, a maintenu d'une manière efficace la personnalité de la ville en lui choisissant soixante membres dans les vingt arrondissements de Paris. »

A ce sujet, qu'on veuille bien nous permettre une parenthèse.

Il semblerait vraiment, à en croire les détracteurs de M. Haussmann, que ce magistrat distingué, sur son trône de l'Hôtel-de-Ville, gouverne en dictateur, en *Cesar imperator*, dégagé de tout contrôle, de toute responsabilité, et s'en moquant même au besoin. Il semblerait, en outre, que ce Conseil municipal, nommé par l'Empereur pour veiller aux intérêts de la ville, ne soit dans les mains de son Préfet qu'un automate habilement machiné et tout aux ordres de ce moderne Vaucanson. On sait pourtant bien le contraire; on sait qu'aux termes de la loi du 16 juin 1859, trois conseillers sont pris dans chacun des vingt arrondissements, et la main auguste qui les désigne va chercher les uns au sein même de l'industrie et du commerce parisiens, parmi les plus attachés à leurs quartiers, les plus utiles à la population qui les environne; d'autres à la tête des professions libérales qui contribuent à la gloire de la ville et du pays entier; d'autres encore à tous les degrés de la hiérarchie politique, judiciaire, administrative.

Or, dès l'entrée en fonction de cette assemblée d'élite, voici les honorables paroles que M. le Préfet de la Seine lui adressa :

« En France, un bon acte bien expliqué est toujours un acte approuvé; le sens du public y est au fond plein de justesse et d'équité. Vous-mêmes, messieurs, serez en mesure de juger jusqu'au fond toutes les affaires qui vous seront soumises. Jamais je ne trouverai vos investigations trop complètes. Mon administration a, dit-on, de la hardiesse. Ce qu'elle a certainement, messieurs, c'est de la franchise. Montrer à découvert ses plans, c'est peut-être chez elle du courage, c'est surtout de la droiture. S'il est vrai, d'ailleurs, qu'elle connaisse tous les détails et tous les aspects de ce qu'elle traite, c'est là aussi, ce me semble, une partie de la prudence. »

On peut juger, par ce langage si modeste et si loyal, combien peu le Préfet entendait soumettre le Conseil municipal à ses volontés, et combien, au contraire, il savait dignement se placer sous sa dépendance.

« Ce corps ainsi formé, jouissant d'attributions étendues, s'anime immédiatement de l'esprit municipal, embrasse avec ardeur les intérêts locaux, les défend avec une jalouse vigilance, tout en les coordonnant avec les intérêts généraux, qu'il sait comprendre. Il représente la ville de Paris dans ses conditions de capitale, et tous les éléments essentiels de sa population proprement dite, et même, ce qu'il est bon de ne pas oublier, toutes les parties de son territoire.

« On a compris, en agissant ainsi, qu'en effet il n'était pas sans avantage que les besoins, les gênes, les vœux des divers quartiers de la ville fussent non-seulement connus, mais ressentis par les conseillers municipaux. On explique bien mieux ce qu'on voit, ce qu'on éprouve, ce qu'on observe tous les jours autour de soi, dans la rue qu'on habite, dans les voies qu'on parcourt souvent, dans la région urbaine où l'on a ses relations quotidiennes. C'est là, d'ailleurs, qu'on exerce son patronage, qu'on participe à la société de secours mutuels, aux combinaisons ingénieuses de la charité privée, à l'action du bureau de bienfaisance et de la paroisse. C'est là que naît et se fortifie ce qui peut subsister à Paris du patriotisme local. »

Voilà donc un conseil municipal composé des éléments les plus divers, les plus contrastants : artistes, industriels, magistrats, administrateurs, etc.; délibérant légalement, gravement, mais non sans animation, sans opposition. C'est à cette réunion de soixante membres, qui sont comme l'émanation de l'esprit de la capitale, que M. Haussmann soumet ses plans, ses idées, ses projets. Toujours ces plans, ces idées, ces projets sont l'objet de discussions intéressantes qui dénotent toute la sollicitude des membres du Conseil pour les intérêts confiés à leur dévouement.

Le Conseil municipal, indépendamment des soixante journées qu'il consacre à ses séances générales hebdomadaires, se partage encore dans les comités et les commissions, et n'emploie pas moins de deux cent cinquante à trois cents séances à préparer la solution des questions qui lui sont présentées.

Ce n'est pas trop pour conduire à terme les dix-huit cents affaires portées annuellement aux rôles du Conseil, pour discuter le budget des recettes et celui des dépenses de la ville ainsi que le compte des dépenses de la préfecture de police, pour contrôler le budget et les comptes de l'assistance publique et ceux du mont-de-piété.

Aussi savent-ils, ces hommes courageux et désintéressés, ce que leur ont coûté d'études, de soins, de prévoyance et de surveillance, ces grandes choses auxquelles ils ont eu l'honneur insigne d'être associés, que la louange universelle glorifie aujourd'hui, mais que tant de critiques passionnées accueillaient naguère à leur début.

Ils savent aussi qu'en acceptant cette noble mission, il ne s'agit pas d'une sinécure agréable à la vanité. Non! il faut consentir à aliéner au profit de la cité une part sérieuse, et, pour beaucoup d'entre eux, la meilleure part de la vie; il ne s'agit pas non plus de recueillir la faveur populaire; non! le bien qu'on accomplit là est vite oublié, quand il ne passe point inaperçu, tandis que le mal qu'on n'a pu redresser encore frappe au contraire tous les yeux et demeure sans cesse le point de mire du reproche injuste de tous.

Enfin, toutes les délibérations du conseil sont l'objet d'une discussion attentive, éclairée, *indépendante* et longuement mûrie, car les détails les plus minutieux accompagnent les notes placées en regard de chaque compte ou article, et en expliquent avec le plus grand soin les modifications qu'ils ont subies.

« Aussi, loin de redouter le contrôle, il le recherche; loin de fuir l'examen, il le provoque, » disait M. Dumas, son président, en 1864. C'est aussi déjà ce qu'avait eu l'honneur d'énoncer à l'Empereur, dès 1860, M. le Préfet de la Seine s'exprimant ainsi :

« Cette vaste administration de la ville ne craint aucun contrôle. Bien loin de là, elle regrette que, malgré toutes les publications dont elle est prodigue, ses actes ne soient pas mieux connus, parce qu'ils n'auraient qu'à gagner à l'être davantage. Il est avéré aujourd'hui que l'administration de la ville était tellement peu portée à fuir l'examen, qu'elle souhaitait ardemment de voir multiplier les vérifications de ses actes ; qu'elle avait l'ambition du plus haut contrôle possible, certaine que plus on scrutera ses affaires, plus on aura soin de constater avec quel dévouement scrupuleux elles sont conduites à tous les degrés de la hiérarchie municipale. »

De même que le Préfet, le Conseil municipal, mis en cause, entend, exige que sur toutes les affaires de la ville la lumière se fasse ; elles ne peuvent qu'y trouver une justification éclatante.

Tel est ce Conseil municipal si injustement décrié, auquel M. Haussmann est obligé de soumettre ses projets. Après des discussions sérieuses, les projets étant adoptés, les travaux s'exécutent ; et, pour les règlements de comptes, M. le Préfet expose ses arrangements financiers au Corps législatif, cette autre émanation du pays comme le conseil municipal est celle de la ville. Notez que je ne parle ni du Sénat, ni des Cours impériales, ni de la Cour de Cassation.

On peut juger par là de cette prétendue omnipotence dont jouit le Préfet de la Seine dans l'accomplissement de ses volontés. D'un côté, circonscrit par le Conseil municipal ; de l'autre, par le Corps législatif, et enfin par le Sénat et d'autres Cours élevées, il est contraint de subir le contrôle et les décisions de ces pouvoirs supérieurs. Il aurait donc le droit incontestable, devant l'opinion qui l'accuse, de se retrancher derrière les arrêts de ces tribunaux suprêmes.

Il n'en a jamais rien fait.

Sans se prévaloir d'une situation aussi légale et qui le met si complétement à l'abri de toute atteinte, de tout blâme ; sans s'appuyer sur la solidité, sur l'inexpugnabilité d'une telle position pour dédaigner la censure de ses actes, il l'appelle, au contraire, et y répond avec la mesure, la modération, la dignité d'un adversaire muni d'arguments sans réplique. C'est ainsi qu'est venue l'habitude des *Communiqués*, ressource précieuse pour bien rétablir l'état des choses, contenter l'opinion publique, et où l'on retrouve à la fois le respect de l'administration pour le droit qu'a la presse de signaler des faits critiquables à ses yeux, comme à elle, administration, son souci de défendre ses actes attaqués, afin, en éclaircissant toute question trouble, de donner pleine satisfaction aux intéressés. L'on peut ajouter que cette satisfaction est toujours si évidemment parfaite, que jamais le journaliste en cause n'a tenté de répliquer. Je ne puis résister au désir de transcrire, à titre de modèles, trois de ces Communiqués qui les résument tous comme argumentation, quoique d'un esprit différent.

Le premier concerne une réclamation soulevée par le journal *l'Opinion nationale*, et dont la substance se trouve exposée dans la réponse suivante :

« Dans son numéro du 30 juin, *l'Opinion nationale* publie une lettre signée dont l'auteur demande « comment M. le Préfet de la Seine peut « *s'accorder à lui-même* jusqu'en 1870 pour achever les travaux qu'il a « entrepris, alors qu'aux termes de la loi du 28 mai 1858, qui a consa- « cré le traité intervenu entre l'Etat et la ville pour l'exécution d'un « certain nombre de voies publiques, tous ces travaux devront être « terminés le 1er janvier 1869. »

« Les grandes opérations de voirie entreprises par la ville n'embrassent pas seulement les travaux du deuxième réseau qui ont fait l'objet du traité sanctionné par la loi de 1858 et qui doivent être entièrement finis en 1868; elles comprennent encore les travaux du troisième réseau, pour lesquels aucune stipulation n'a eu lieu entre l'Etat et la ville, et dont la dépense est supportée par la ville seule. Or, le délai qu'elle a fixé à ces concessionnaires pour l'exécution de ces derniers travaux n'expire qu'en 1870. »

Mais puisque j'ai l'honneur de citer *l'Opinion nationale*, je me permettrai de lui emprunter encore quelques lignes de son rédacteur en chef M. Adolphe Guéroult, relatives à l'installation de la statue du Prince Impérial dans le musée municipal de l'Hôtel-de-Ville, ce qui constitue le deuxième *Communiqué*. L'affaire était très simple en soi : M. Carpeaux ayant sculpté un statue du fils de l'Empereur, que tout Paris a vue à l'Exposition, et l'ayant éditée lui-même, le Conseil municipal a cru tout naturel d'en acquérir un exemplaire pour son musée, comme tout particulier le peut faire pour le sien, afin de le placer en pendant au gracieux Henri IV enfant, du baron Bosio. Sur ce vulgaire canevas, M. Ad. Guéroult lance, dans le numéro du 20 août, le terrible entre-filets suivant :

« Nous avions reproduit, il y a quelques jours, dans l'espoir qu'elle serait démentie, une nouvelle donnée par le *Journal des Travaux publics*, et d'après laquelle la commission, improprement appelée Conseil municipal de Paris, aurait voté une statue au Prince Impérial.

« Le fait n'ayant pas été démenti, nous devons le tenir pour vrai.

« Franchement, nous le regrettons. Depuis quand élève-t-on une statue à un enfant de douze ans, à un écolier de septième? Quels attributs sculptera-t-on sur le piédestal? Un rudiment et un cerceau? Il y a quelques années, la commission municipale aurait pu, sans inconvenance, lui voter un berceau. Pour un berceau, il n'est plus temps; pour une statue, il est trop tôt. Si cet enfant vit, s'il devient homme, s'il règne, s'il sert bien son pays, nous ne dirons pas s'il le sauve, — car nous espérons bien en avoir fini avec les sauveurs, — mais s'il le comprend, s'il est assez heureux pour ajouter quelque chose à sa vraie grandeur, à sa prospérité, pour développer les germes précieux qu'il recèle dans son sein, il sera temps alors de le couler en bronze, et d'assurer à son image l'immortalité qu'il aura conquise par ses services.

« Aujourd'hui, ce vote, si réellement il a eu lieu (ce dont nous voulons encore douter), ne serait qu'un acte de fade courtisanerie qui montrerait que les conseils municipaux, quand ils ne sont pas le produit du libre suffrage, ne sont pas plus aptes à sauvegarder la dignité des villes qu'à ménager leurs finances. »

On voit, par ces quelques lignes, jusqu'où la passion aigrie peut entraîner l'esprit du polémiste, et quelle proportion donne au fait le plus ordinaire la plume d'un écrivain de talent. Mais ce n'était là qu'un ballon gonflé d'air méritant à peine les honneurs du *Communiqué*, et que M. Auguste Vitu, le spirituel rédacteur en chef de *l'Etendard*, a crevé du haut en bas à l'aide de la rectification qui suit :

« Le conseil municipal de Paris a décidé l'acquisition d'une reproduction de la statuette de S. A. le Prince Impérial, par Carpeaux, pour être placée dans le grand appartement, en regard de la statuette de Henri IV enfant, par Bosio.

« Sur ce fait si simple, la verve de plusieurs journaux s'est enflammée, et nous sommes inondés de lamentations sur la courtisanerie de nos édiles. Pour justifier ces épanchements de leur bile satirique, nos Juvénal de carton feignent qu'il s'agisse d'ériger une statue au Prince Impérial.

« Si, par hasard, ils ont pris au sérieux cette idée, nous serions en droit d'admirer leur crédulité, qui dépasserait en réalité toute imagination.

« Le conseil municipal de Paris se compose de personnages fort sérieux; leur respectueux attachement pour le Prince Impérial s'est traduit par l'acte le plus simple, que beaucoup de particuliers ont devancé depuis que la charmante statuette de Carpeaux est dans le commerce.

« Nos confrères peuvent donc remettre en portefeuille, en attendant une meilleure occasion de leur faire reprendre l'air, leurs déclamations notées sur l'adulation, peste des monarchies. »

A cette fine répartie, le *Moniteur* crut utile d'ajouter quelques lignes afin de dissiper tous les brouillards dont l'esprit de parti pourrait encore envelopper cette modeste affaire :

« Plusieurs journaux ont annoncé que le Conseil municipal de Paris avait voté l'érection d'une statue de S. A. le Prince Impérial; les uns disent dans une des salles de l'Hôtel-de-Ville, les autres sur une des places publiques de la capitale.

« La vérité est que, sur la proposition du sénateur Préfet de la Seine, le Conseil municipal de Paris a voté la commande à M. Carpeaux, statuaire, d'un exemplaire en bronze de la statuette de Son Altesse Impériale, dont l'original a figuré à la dernière Exposition. Cette œuvre d'art doit être placée dans un des salons de l'Hôtel-de-Ville, où se trouvent déjà des portraits et des bustes de LL. MM. l'Empereur et l'Impératrice, de l'empereur Napoléon Ier et des princes ses frères, et où l'on voit aussi une statuette de Henri IV enfant, due au ciseau du baron Bosio.

« La nouvelle donnée manque donc d'exactitude; et il devient dès lors nécessaire de répondre aux commentaires divers dont certains journaux avaient cru devoir l'accompagner. »

Le lecteur doit maintenant pouvoir juger par cette circonstance rétablie sans phrases sonores sur ses pieds, quelles limites sont susceptibles d'atteindre les errements d'une opposition systématique. J'ai un peu insisté sur cet exemple, dans l'espoir que le public en tirera un enseignement salutaire pour une appréciation saine des autres faits se rattachant à l'administration de M. Haussmann.

Enfin, le troisième *Communiqué*, d'un genre tout différent, est absolument comique et se reproduit encore assez souvent. Il s'agit cette fois de la suppression du nom de Marbeuf sur la rue qui le portait et de son remplacement par celui de Morny. Sur ce thème favori, un journal de petits crevés, *le Sport*, attachant le grelot, reproche à M. le Préfet son ingratitude à l'égard du nom de Marbeuf, général du dernier siècle, à qui la France doit la conquête de la Corse, d'où nous vient la dynastie napoléonienne, et conclut par ces mots ronflants : « Vous avez été plus qu'oublieux; votre hérésie historique est aggravée *d'un crime de lèse-dynastie.* »

Le journal *l'Avenir national*, trompé par tant d'assurance, ne va pas aux informations, saisit la balle au bond, embouche une nouvelle trompette sur ce motif brillant, déplorant amèrement la décision de M. le Préfet, et reçoit en pleine poitrine ce plaisant et mémorable *Communiqué :*

« Dans son numéro du 2 septembre, le journal *l'Avenir national* s'associe au *Sport* pour reprocher à l'administration municipale d'avoir supprimé le nom de la rue *Marbeuf* pour y substituer celui de *Morny.*

« Si le rédacteur de *l'Avenir national*, au lieu de se borner à reproduire le dire du *Sport*, eût pris la peine de se renseigner à une *meilleure source*, il aurait su que la rue de *Morny* et la rue de *Marbeuf* SONT PA-

RALLÈLES, et que, par conséquent, l'administration municipale n'a pas changé ce dernier nom pour le premier. »

N'est-ce pas d'un comique achevé, et peut-on se mieux faire coller sous bande?

On comprend qu'après un pareil langage il n'y ait plus rien à répliquer, mais il n'est point mal que la presse l'ait provoqué. C'est d'ailleurs le devoir de tout homme placé à la tête d'une puissante administration d'accueillir sans aigreur et sans dédain tout esprit de censure, car il est rare de n'y pas rencontrer quelque chose de bon et d'utile à en exprimer; et si fausse, si erronée que soit une appréciation, elle ne saurait être absolument dépourvue de mérite, n'eût-elle que celui d'inviter la personne attaquée sans motifs valables à rétablir la véritable situation. Quant à M. le Préfet de la Seine, tout en acceptant sans restriction l'invitation à laquelle il sait toujours répondre avec autant de calme que d'esprit, et rire tout le premier des coups de plume satiriques qu'on lui décoche, quand ils sont bons, chose assez rare, par parenthèse, il n'en poursuit pas moins sa tâche laborieuse sans autrement s'arrêter à ces discussions.

Il est certain, en effet, qu'un novateur de la trempe de M. Haussmann doit chercher sa récompense en dehors de ces faciles victoires, et cette récompense, il ne la peut obtenir qu'après l'entier achèvement de son œuvre, alors que l'évidence des faits viendra paralyser tout esprit de dénigrement. Or, le Préfet de la Seine a parfaitement tracé le commencement et la fin de celle qu'il a entreprise. C'est donc à ce moment solennel du couronnement de l'édifice qu'il sera possible de juger sérieusement l'auteur. Jusque-là, il me semble que toute critique systématique, toute polémique irritante, sont condamnables, pour ne pas dire déloyales, en ce qu'elles tendent à discréditer le mérite ou la valeur des actes mis en cause. Aussi, à mon avis, ceux qui se permettent de donner une opinion définitive sur un édifice inachevé sont ou très forts ou très présomptueux, ou très ignorants ou simplement fous.

V

Nous ne voulons donc pas plus que nous le pouvons, du reste, nous prononcer d'une façon irrévocable sur l'ensemble de l'admirable travail de M. Haussmann dont un récent rapport (18 juin), adressé à l'Empereur, expose avec autant de franchise que de netteté les différentes phases de 1852 à 1868. Cependant disons tout d'abord que ceux qui, ainsi que nous, ont pu appréhender et considérer comme un désastre bien autrement grand que celui d'un budget plus ou moins élevé, la retraite possible de l'éminent Préfet après une carrière si laborieusement remplie, peuvent maintenant se tranquilliser. Non-seulement, — du moins M. Haussmann semble suffisamment l'indiquer à la fin de son rapport, — il ne laissera pas son œuvre inachevée; mais, en admettant même le cas où, fatigué, dégoûté, il voudrait enfin se retirer, il le pourrait sans que la terminaison de cette œuvre colossale eût à souffrir de l'inexpérience de son remplaçant, tant l'état de tout ce qui a été fait et reste à faire est clairement expliqué. Nous ne pouvons, malheureusement, donner ici qu'une très rapide analyse de ce volumineux document dont tout Paris, à l'heure qu'il est, a lu et médité les intéressants et instructifs développements.

Voici donc la brève nomenclature des travaux pendant quinze ans, de 1853 à 1868.

TRANSFORMATION DE PARIS.

Ensemble des opérations.

Cette transformation était divisée en trois réseaux :

Le premier, commencé en 1849 et entièrement terminé, parcourt une distance de 9,467 mètres. Il a porté l'air, la lumière, la salubrité, et procuré une circulation facile dans ce dédale constamment encombré de rues impénétrables, tortueuses, étroites, obscures, malsaines, constituant les anciens quartiers des Tuileries, du Louvre, du Palais-Royal, du Théâtre-Français, des Halles centrales, de l'Hôtel-de-Ville et de la Cité.

Le deuxième réseau, déterminé par la loi du 28 mai 1858, se compose principalement de lignes magistrales dont la nécessité et l'importance, au point de vue des relations réciproques des diverses parties de la capitale, de l'abord facile, rapide des gares, de la sécurité publique, n'ont jamais été contestées. Son parcours est de 26,294 mètres, et il sera terminé à la fin de 1869.

Le troisième et dernier réseau a son point de départ dans l'ouverture de la rue Lafayette, impérieusement commandée par les besoins du service des gares de l'Est et du Nord, et dans celle de la rue de Rennes, sa contre-partie sur la rive gauche, destinée à faciliter l'accès de la gare de l'Ouest. Il se compose, en outre, des percements de rues, des raccordements et autres améliorations jugées utiles à ces différents quartiers. Son parcours, de 28,000 mètres, doit être achevé en 1870.

Au sujet de ce réseau, M. Haussmann dit dans son rapport : « On s'est étonné de ce que la ville ait entrepris ce troisième réseau, en face des accroissements de dépenses qu'accusait l'exécution du deuxième. J'ai dit que j'aurais préféré, pour ma part, ajourner cette dernière série d'opérations coûteuses, mais j'ai dû céder, comme le Conseil municipal, *à la pression de l'opinion qui réclamait avec une extrême vivacité le complément nécessaire de ce qui était entrepris.* »

DÉTAIL DES TRAVAUX.

Grande voirie.

En 1852, les voies publiques de Paris avaient une longueur totale de 380 kilomètres. En 1868, elles s'évaluaient à 475 kilomètres, soit 95 kilomètres ou 2,332,000 mètres carrés (231 hectares) d'augmentation des voies nouvelles.

Pour la zone suburbaine, cette augmentation est de 48 kilomètres ou 769,000 mètres carrés (77 hectares), ce qui porte le total des voies à 379 kilomètres.

Il en résulte que le réseau général des voies publiques de Paris agrandi, a aujourd'hui un développement de 850 kilomètres (212 lieues) en longueur, et 12,294,000 mètres carrés (4,229 hectares) en surface. Les voies nouvelles créées depuis quinze ans comptent dans ces chiffres pour 136 kilomètres (34 lieues) ou 310 hectares.

En somme, la superficie de la ville entière est de 7,802 hectares, dans laquelle l'ancien Paris entre pour 3,402, et la zône suburbaine pour 4,400 hectares.

ÉGLISES ET AUTRES ÉDIFICES RELIGIEUX.

1° *Construction* des églises de la Trinité, Saint-Augustin, Saint-Joseph, Saint-Ambroise, Notre-Dame-de-la-Croix, Notre-Dame-des-Champs, Saint-Pierre et Saint-François-Xavier; — des temples réformés du Saint-Esprit, de la Résurrection, de la rue de la Victoire et de la rue des Tournelles; — des presbytères de la Trinité, Saint-Germain-l'Auxerrois, Saint-Leu, Saint-Sulpice, Saint-Vincent-de-Paul, Saint-Nicolas-du-Chardonnet, Saint-Bernard et de la maison consistoriale de l'Oratoire.

2° *Achèvement* de Saint-Vincent-de-Paul, Sainte-Clotilde, Saint-Jean-Baptiste, Saint-Bernard, Notre-Dame-de-Clignancourt et Notre-Dame-de-la-Gare.

3° *Achat* des églises Saint-Eugène, Saint-Martin-des-Champs, Saint-Éloi, Saint-Marcel, Saint-Michel; — et des presbytères de Saint-Sulpice, Saint-Thomas-d'Aquin, Saint-François-Xavier et Saint-Pierre-du-Gros-Caillou.

4° *Consolidation, agrandissement, restauration, décoration* et *isolement* d'un grand nombre d'édifices anciens, cinquante-huit jusqu'à présent, dont quelques-uns ont motivé des ouvrages très considérables et très coûteux, entre autres Saint-Étienne-du-Mont, Saint-Leu, Saint-Germain-l'Auxerrois, Saint-Laurent, Notre-Dame, la Sainte-Chapelle, etc.

HOPITAUX

1° *Création* d'un second hôpital pour les enfants malades (Sainte-Eugénie), de l'hôpital de Berck-sur-Mer, de la maison de retraite Chardon-Lagache, du magasin général des établissements hospitaliers et de vingt-huit maisons de secours.

2° *Achèvement* de l'hôpital Lariboisière.

3° *Reconstruction* de l'Hôtel-Dieu, de la maison municipale de santé de Sainte-Périne, des Petits-Ménages, de l'hospice de Villas, et des Incurables, à Ivry.

4° *Achat* de terrains pour la fondation d'un nouvel hôpital à Ménilmontant.

5° *Agrandissement* des hôpitaux Saint-Antoine, de la Charité, de la Pitié, Saint-Louis et Cochin; des hospices de Bicêtre et de la Salpêtrière, et de la Boulangerie centrale.

6° *Consolidation* et *restauration* d'un grand nombre de bâtiments anciens.

7° *Augmentation* et *amélioration* du mobilier, du linge et enfin du vestiaire de l'ensemble des établissements hospitaliers.

Le nombre des lits d'hôpital, qui était de 6,743 en 1852, est maintenant de 7,820. On en a donc créé 1,077, sans parler de 500 lits supplémentaires qui peuvent être installés en cas de besoin. Mais une organisation nouvelle, commencée en 1854, rend les mêmes services que la création de près de 2,400 autres lits de malades : c'est celle du traitement à domicile; 63,393 malades ont été soignés ainsi en 1867.

Le service des consultations gratuites a reçu aussi une grande extension. Il a été donné, dans la même année, 684,610 consultations de ce genre, dont 329,521 dans les hôpitaux, et 355,089 dans les maisons de secours.

Le nombre de lits dans les hospices et maisons de retraite a également été augmenté : de 10,629 on l'a porté à 11,260; soit 631 lits de plus. On a organisé, d'ailleurs, un service dit de secours d'hospice à domicile dont profitent déjà 1,137 personnes (427 hommes et 710 femmes).

Enfin les bureaux de bienfaisance ont pareillement vu s'élargir le cercle de leur action. De 63,133, le nombre des indigents secourus a monté à 103,110.

ÉDIFICES MUNICIPAUX.

1° *Construction* des hôtels de mairie des 1er, 2e, 3e, 4e, 7e, 11e, 13e, 15e, 16e et 20e arrondissements; du tribunal de commerce; du timbre; d'hôtels pour les états-majors de la garde de Paris et des sapeurs-pompiers; des casernes de la rue de la Banque, du Prince-Eugène, de la place Lobau, de la Cité, de la rue Pigale, de Passy, de la Villette, de Ménilmontant, de la rue de Charenton et de Grenelle; du campanile de l'Hôtel-de-Ville et d'un bâtiment annexe pour l'installation des services municipaux, ainsi que des nouveaux magasins de la ville; de la maison Eugène-Napoléon; des colléges Rollin et Chaptal; de l'Institut des Frères de la doctrine chrétienne; des maisons de la rue du Faubourg Saint-Martin, de la rue Saint-Bernard, d'une troisième école professionnelle rue Chateau-Landon, et de l'école supérieure des filles; bref, de 24 bâtiments consacrés au logement des employés de l'octroi.

2° *Acquisition, restauration, agrandissement, installation* et *ameublement* de la cour de Louis XIV et des grands appartements à l'Hôtel-de-Ville, de l'hôtel Carnavalet et du Musée municipal, du Palais de Justice, du Palais-Royal, des Tuileries, du Louvre de la tour Saint-Jacques, d'un hôtel pour l'état-major de la garde nationale et d'une maison d'arrêt pour le même service, d'immeubles pour l'agrandissement du Ministère des Travaux publics, de la Sorbonne et des lycées Bonaparte et Saint-Louis, des combles du lycée Napoléon, de nouvelles classes au lycée Charlemagne, et d'une foule d'établissements scolaires de différents ordres dans tous les quartiers de Paris.

En 1852, il existait dans Paris et sa banlieue 1,077 établissements scolaires recevant 111,150 élèves.

En 1868, Paris compte 1,642 établissements de même nature renfermant 174,620 élèves.

L'administration municipale ne s'est pas contentée de créer ces nombreux établissements nouveaux. La plupart des anciens ont été reconstruits ou agrandis et parfaitement installés. L'enseignement populaire du dessin et du chant n'a pas été seulement assuré par des écoles spéciales, il a été introduit dans des écoles primaires de garçons et de filles. En un mot, rien n'a été épargné pour propager et rehausser l'instruction élémentaire, dont le service, comme celui de l'Assistance publique, est de ceux qui excitent au plus haut degré l'intérêt du Conseil municipal. — C'est un autre mode d'assistance que la Ville exerce. Celui-ci s'adresse aux jeunes intelligences dont il importe de protéger et de surveiller le développement, et ce ne sont pas pas seulement les classes indigentes qui en profitent. Par une largesse peut-être excessive, toutes les écoles de Paris, laïques et congréganistes, salles d'asile, écoles d'enfants, d'adultes, spéciales, ouvroirs, etc., sont gratuites.

THÉATRES.

Ont été édifiés : le Théâtre-Lyrique, ceux du Châtelet, de la Gaîté, du Vaudeville, du Panorama et la salle du nouvel Opéra, que je joins à cette nomenclature à titre exclusif d'embellissement et comme faisant partie intégrante de la transformation de Paris, car, de fait, elle appartient au ministère des Beaux-Arts qui l'élève à ses frais, et non à l'administration de M. Haussmann.

On se rappelle encore toutes les critiques passionnées dont ce beau monument a été accablé, bien que le théâtre actuel de la rue Lepeletier ait l'air d'un chenil à côté de lui. L'on me saura gré de reproduire les appréciations plus calmes, plus étudiées de ceux-là mêmes qui se sont tant récriés, et dont M. Georges Maillard, dans le *Figaro* du 13 août, résume en quelque sorte l'expression :

« Je suis allé hier contempler la façade de la future académie de musique.

« A ma grande surprise, toute incandescente de clartés sénégaliennes, je l'ai trouvée moins tape-à-l'œil et infiniment plus harmonieuse que par le passé ; la poussière et l'air ont déposé leur couches ternes sur les tons criards des ors, des cuivres et des marbres, et le regard se promène déjà avec plus de plaisir sur cet ensemble monumental que le temps finira sans doute par rendre complétement satisfaisant.

« Il est certain que, si le jour où les échafaudages sont tombés, les Parisiens avaient pu jouir du coup d'œil actuel, ils n'eussent pas tant récriminé contre cette pétarade, ce feu d'artifice de couleurs éclatantes dont l'aspect n'était réellement pas fait pour enthousiasmer. C'est pourtant la décoration la plus noble des monuments italiens de grand style. Mais les Pari[illegible]nt si impatients qu'ils voudraient posséder, le jour même d[illegible]nauguratio[illegible] d'un édifice, la physionomie que plusieurs siècles [illegible]lement peuvent lui imprimer.

« O Athén[illegible]s !...

M. Castagnary, complétant ce louable *mea culpa*, ajoute, le 11 septembre, dans le même journal :

« Quelque critique que l'on puisse faire de l'Opéra de M. Garnier, on doit reconnaître que jamais la destination d'un édifice n'a été écrite avec plus de précision et de netteté. L'architecte a inscrit dans un monument durable l'originalité savante de son talent. »

Je ne puis quitter cette aimable feuille sans cueillir en passant, dans le numéro du 30 août, une fantaisie mirobolante sur le même sujet, éditée par M. Ad. Rocher, chargé de la rédaction des tribunaux :

« Il est difficile de se défendre d'un sentiment pénible, dit-il, en voyant l'administration de la ville de Paris, qui se pique d'aimer et de protéger les arts, user de son privilége de propriétaire (ce qui est pourtant très juste au fond) pour saisir le matériel du Théâtre-Lyrique. Et ce sera à la requête de M. le Préfet, *qui dépense plus de* CENT MILLIONS pour construire la *nouvelle salle de l'Opéra.* »

Or, M. Ad. Rocher, que je crois plus fort en jurisprudence qu'en édilité, commet ici une double erreur en attribuant à la Ville une construction qui appartient à l'Etat, et en évaluant à cent millions la dépense moins importante de cet édifice.

Mais à côté du blâme portant à faux de M. Ad. Rocher, et auquel, par conséquent, je ne m'arrête pas, je trouve comme compensation à l'adresse de M. le Préfet, sous la plume de M. Georges Maillard déjà cité, l'éloge dans le numéro du 2 septembre, à propos d'un acte de vandalisme que l'écrivain reproche à l'architecte chargé des démolitions de la Bibliothèque impériale, et dont il tire la conséquence ci-après :

« M. Haussmann a donné l'exemple d'un respect plus grand pour les œuvres d'art, alors que, faisant abattre la maison d'angle de la rue de la Chaussée-d'Antin, où se trouve maintenant le Vaudeville, il transmit l'ordre de détacher avec le plus grand soin les trois cariatides de Toussaint, placées actuellement au-dessus de la porte cochère du théâtre, sur la rue de la Chaussée-d'Antin. »

Il est curieux de trouver dans le même journal, et presque le même jour, des appréciations si divergentes. Mais MM. les rédacteurs du *Figaro*, semblables aux jours, se suivent et ne se ressemblent pas, gardant à leurs risques et périls l'indépendance de leurs jugements, ce qui constitue un des plus grands charmes de ce spirituel écho parisien.

HALLES. — MARCHÉS. — ABATTOIRS.

Construction de dix pavillons formant l'ensemble des Halles centrales dont l'emplacement total mesure une superficie de 60,000 mètres carrés (6 hectares). Cette innovation dans la construction des marchés constitue une véritable révolution dans l'art de bâtir, et devra, avec le temps, s'imposer au monde entier.

Construction des marchés du Temple, Saint-Honoré et Saint-Quentin; de 14 autres marchés couverts en remplacement de stationnements sur la voie publique; enfin d'un marché à bestiaux et des abattoirs généraux de La Villette, mis en communication par un chemin de fer spécial aboutissant à celui de Ceinture, avec toutes les grandes lignes, et n'occupant pas moins de 50 hectares. Cette importante création a permis de supprimer les différents abattoirs de Paris, causes d'une foule d'incommodités pour les quartiers de plus en plus habités, au sein desquels ils occupaient des emplacements précieux.

TROTTOIRS.

La longueur développée des trottoirs dans l'ancien Paris était, en 1852, de 287,200 mètres courants (287 kilomètres), et leur surface de 730,000 mètres carrés (73 hectares).

En 1868, ils ont un parcours de 746,700 mètres courants (747 kilomètres), et une superficie de 1,601,000 mètres carrés (160 hectares).

Dans la zone suburbaine, ils mesuraient au moment de l'annexion, en 1860, 136,805 mètres courants (137 kilomètres), et une surface de 341,600 mètres carrés (34 hectares).

En 1868, ils ont 341,594 mètres courants (341 kilomètres), et une surface de 1,365,550 mètres carrés (136 hectares).

Augmentation dans l'ancien Paris :	459 kilomètres	et	87 hectares.
D° dans la zone annexée :	204 —		102 —
Au total. . . .	636 kil. (165 lieues)	et	189 hectares.

CONTRE-ALLÉES PLANTÉES.

Dans l'ancien Paris, elles avaient un parcours de 38,520 mètres courants (38 kilomètres), et une surface de 410,000 mètres carrés (41 hectares).

Elles ont, en 1868, en longueur : 83,498 mètres courants (83 kilomètres), et en superficie : 806,000 mètres carrés (81 hectares).

Dans la zone suburbaine, en 1852 : 26,570 mètres courants (26 kilomètres), et 310,850 mètres carrés (31 hectares).

En 1868, elles atteignent 112,032 mètres courants (112 kilomètres) et 937,000 mètres carrés (93 hectares).

Augmentation pour l'ancien Paris : 44,978 mètres courants (45 kilomètres) et 396,000 mètres carrés (39 hectares).

Augmentation pour la zone : 86,382 mètres courants (86 kilomètres) et 626,750 mètres carrés (63 hectares).

Au total : 131 kilomètres et 102 hectares.

ARBRES.

En 1852, dans l'ancien Paris, on comptait.		32,000 arbres
d'alignement, et en 1868.	55,824	
En 1860, dans la zone suburbaine.		18,466 arbres
d'alignement, et en 1868.	39,753	
Total.	95,577 et	50,466 arbres

Le total a donc presque doublé. Il n'y a, d'ailleurs, aucune comparaison à faire entre les soins donnés jadis à ces plantations et ceux qu'elles reçoivent aujourd'hui.

BOIS DE BOULOGNE ET DE VINCENNES.

Ces deux admirables rendez-vous de la population parisienne ont été non-seulement transformés, mais encore agrandis. Le premier a 847 et le second 800 hectares de contenance. Tout a été dit sur ces deux bois dont les heureuses dispositions font tant d'honneur à M. l'ingénieur en chef Alphand.

PARCS.

Le parc des Buttes-Chaumont, mesurant 25 hectares, ébouriffante création prise sur l'un des plus sinistres emplacements de Paris, semble l'avoir changé en un séjour de fée. Voici comment elle est appréciée par un rédacteur du *Siècle*, M. Alfred Litton, dans ses *Echos* du 11 août 1868 :

« Parisiens que nous sommes ! Nous avons des merveilles sous la main, et nous ne savons faire un pas pour aller les admirer. Il a fallu l'excellent article de notre collaborateur Louft sur les travaux de la zone annexée pour nous décider à aller voir le parc des Buttes-Chaumont, qui est sans contredit la création la plus originale, la plus grandiose de l'éminent ingénieur auquel nous devons les bois de Boulogne et de Vincennes, le parc Monceaux, les squares de Paris, etc., etc.

« Nous n'avons qu'un mot à dire : c'est splendide. Tous les dissentiments politiques imaginables ne sauraient nous empêcher de rendre à M. Alphand, cet ingénieur doublé d'un grand artiste, la justice qu'il mérite.

« Allez-y voir ! La chose en vaut la peine. Paris n'a certainement rien de plus beau à offrir en ce genre à l'admiration des étrangers. Vous trouverez là de gigantesques falaises baignées par un Océan en miniature, sur lequel se prélassent des cygnes et des canards innombrables. Des grottes, des chutes d'eau, l'aiguille et la porte d'aval d'Etretat, grandeur naturelle, des ponts hardiment jetés sur des précipices, des points de vue féeriques, des constructions charmantes, la plus belle et à coup sûr la plus imprévue, la plus aérée, la plus délicieuse des promenades de Paris, et une promenade de vingt-cinq hectares. Excusez du peu.

« Je le répète : c'est splendide ! »

Après le parc des Buttes-Chaumont, vient celui de Monceaux, un type d'entretien perfectionné contenant plus de neuf hectares, et duquel M. Francis Magnard, du *Figaro*, disait dans le numéro du 18 juillet 1868 :

« On sait si nous ménageons les critiques et les observations à la bonne ville de Paris. La provenance ordinaire de nos communiqués prouve que nous avons pour la capitale et son administrateur une sollicitude sans défaillances. Nous ne serons donc pas soupçonnés de flatteries si nous signalons à nos lecteurs les splendeurs du parc Monceaux que nous avons traversé hier. *C'est, à l'heure qu'il est, le plus admirable jardin qu'on ait jamais vu.* Les pelouses verdoyantes sont encombrées de plantes exotiques en si grand nombre que le promeneur se croit tout à coup transporté dans des régions tropicales... Le hasard m'a conduit sous un fourré près de la cascade, où j'ai aperçu une négresse ; ses yeux fixaient avec amour les palmiers, les dattiers et les arbres à feuilles gigantesques transportés là à grands frais par l'ingénieur en chef de la ville. « Monsieur, me dit-elle en son naïf langage, « c'est comme ça à la Martinique. »

Enfin, il reste à terminer le parc de Montsouris, d'une contenance de 18 hectares, et qui ne devra rien, croyons-nous, comme style et originalité, à ses deux aînés.

SQUARES.

Les 21 squares créés depuis 1852, d'un dessin si élégant, d'une physionomie si coquette, d'un aspect si gai, et dont les Parisiens, et surtout leurs enfants, retirent de si grands charmes, mesurent ensemble 9 hectares.

SERRES.

Les squares et les promenades publiques sont décorés, pendant la belle saison, de plantes délicates et rares que l'on remise l'hiver dans l'établissement municipal de la Muette, au sein duquel se trouvent une infinité de serres destinées à abriter ces précieux végétaux.

PLACES.

Les places plantées, presque toutes de création moderne, contiennent ensemble 18 à 20 hectares. La plupart de ces places sont admirables, mais deux d'entre elles sont sans rivales : celle de l'Etoile avec son rayonnement de douze voies magistrales, et celle de l'Europe, transformée en l'une des plus curieuses qu'il y ait au monde.

ECLAIRAGE.

En 1852, Paris comptait 12,494 appareils au gaz et 85 à l'huile.

En 1868, il en compte 20,781 au gaz et 280 à l'huile.

C'est donc une augmentation de 8,287 appareils au gaz et 195 à l'huile. En tout : 8,482.

En 1860, la zone annexée avait 2,484 appareils au gaz et 434 à l'huile.

En 1868, elle a 11,549 appareils au gaz et 1,259 à l'huile.

C'est une augmentation de 9,065 appareils au gaz et 825 à l'huile. En tout : 9,890 appareils.

L'éclairage de la ville entière est fait aujourd'hui par 33,859 appareils, dont 32,320 au gaz et 1,539 à l'huile. Elle a consommé en 1867, pour cet éclairage et celui des théâtres municipaux, 118,250,233 mètres cubes de gaz qui ont coûté 2,365,004 fr. 46 c. payés à la Compagnie Parisienne. Comme on le voit, depuis dix ans, cette consommation a plus que triplé par la substitution de l'éclairage permanent à l'éclairage intermittent, et on n'a pas eu l'air de s'en apercevoir.— « Si un résultat en sens inverse s'était produit, assurément il eut été fort remarqué. En général les améliorations de détail des services publics échappent à l'attention : tout en jouissant du mieux présent, chacun oublie facilement les imperfections passées. »

EAUX.

En 1852, la ville ne pouvait distribuer que 112,000 mètres cubes d'eau par vingt-quatre heures.

En 1868, elle dispose de 350,000 mètres cubes d'eau pour le même laps de temps, auxquels il faut ajouter 100,000 mètres de sources de la Vanne et le produit de divers puits artésiens et nombreux réservoirs pouvant s'élever ensemble à environ 200,000 mètres.

Ces diverses augmentations forment un total de 538,000 mètres cubes d'eau.

De 1852 à 1867, il a été posé 674,640 mètres courants de conduites nouvelles, dont 377 dans la zone suburbaine. Le réseau général comprend donc maintenant 1,380,000 mètres courants, soit 345 lieues de conduites depuis $0^{m},40$ jusqu'à $1^{m},10$ de diamètre.

En 1802, la consommation d'eau par habitant était de 7 litres; aujourd'hui, elle est de 210 litres.

Comme remarque générale, d'un côté rien ne touche de plus près à la durée de la vie humaine que les eaux publiques, et, d'autre part, l'industrie d'une ville est toujours en rapport direct avec la quantité d'eau dont elle peut disposer. On ne saurait, conséquemment, trop féliciter le Préfet des développements qu'il a donnés à cette partie de l'édilité ainsi qu'à celle des égouts, et de ceux qu'il ne cesse d'y apporter.

ÉGOUTS.

En 1852, l'ancien Paris contenait 107,430 mètres courants d'égouts et en 1860, la zone suburbaine, 30,300 mètres de $0^{m},50$ à $1^{m},50$ de hauteur et $0^{m},70$ de largeur.

En 1867, il a été construit dans l'ancien Paris 107,370 mètres courants, et en 1868, dans la zone annexée, 165,560 mètres. De plus, 8,200 mètres courants de collecteurs hors Paris pour conduire en Seine, à Asnières et à Saint-Denis, à l'aide du syphon de l'Alma qui réunit la rive gauche à la rive droite, les eaux rejetées de la ville. Les produits de l'élimination, recueillis à Asnières, traverseront le fleuve, relevés par une force naturelle empruntée au barrage de Suresnes, et iront, dans la plaine de Gennevilliers et plus loin encore, réaliser la culture intensive devenue pour Paris une nécessité de chaque jour.

Le réseau général des égouts a, en ce moment, un développement total de 517,860 mètres courants (130 lieues) ; sur ce total, 176,660 mètres sont des égouts de grands types, c'est-à-dire munis de rails et portant des bateaux-vannes. Le curage en est fait par trois cents ouvriers. Il ne reste plus à poser que des siphons semblables à celui de l'Alma, destinés à rattacher les égouts de la Cité et de l'île Saint-Louis au collecteur des quais de la rive droite, pour compléter le merveilleux système qui constitue la canalisation souterraine de Paris.

PONTS.

La ville a *construit* les ponts Napoléon, Solferino, de l'Alma et du Point-du-Jour.

Elle a *reconstruit* les ponts de Bercy, d'Austerlitz, d'Arcole, Louis-Philippe, Saint-Louis, Notre-Dame, le pont aux Doubles, le Petit-Pont, le pont au Change, le pont Saint-Michel et celui des Invalides.

Elle a, en outre, *restauré* complétement le pont Neuf et racheté le pont de Grenelle.

BOULEVARDS. — AVENUES. — RUES, ETC.

Nous ne pouvons détailler ici cette multitude de voies nouvelles qui constituent à elles seules une ville splendide. En conséquence, je me bornerai à citer parmi les boulevards ceux de Magenta, Richard-Lenoir, Arago, Mazas, Beaujon, Saint-Germain, Saint-Marcel, du Prince-Eugène, de l'Empereur, et le boulevard Haussmann, le plus remarquable par le style des constructions.

Entre autres avenues, on admirera toujours ces douze magnifiques promenades, dont le centre est formé par l'Arc-de-Triomphe, ainsi que les belles avenues Joséphine, de l'Alma, Bosquet, etc.

Comme rues, on distingue celles de Lafayette, de Maubeuge, Rivoli, Turbigo, Ollivier, Rome, Rennes, du Cardinal-Fesch, etc. Enfin des passages, des acqueducs, des refuges intelligents offrant aux piétons de précieux abris, et régularisant les courants multiples de circulation qui se croisent sur presque toutes les places où ils sont installés.

J'en passe... et des plus beaux !

VI

La réunion de ces travaux, par suite desquels la voie publique a reçu un développement de 64,000 mètres ou 16 lieues, a coûté la somme de 1,865,770,086 fr. 09 c. C'est un gros chiffre, sans doute; mais si on le rapproche de la statistique ci-dessus, on reconnaît que cette dépense n'a point été exagérée.

J'ai dit précédemment que cette gigantesque entreprise avait été exécutée sans *surimposition d'impôts ni de taxes d'octroi*. J'insiste beaucoup sur ce point, car il constitue, avec la cherté des vivres et l'augmentation des loyers, les trois principaux griefs articulés contre la transformation de Paris. Or, ces trois griefs anéantis, M. Haussmann n'a plus que des éloges à recueillir. Je vais tenter d'arriver à cet agréable résultat.

Constatons d'abord que la ville est à peu près désintéressée dans le produit des impôts proprement dits, c'est-à-dire les contributions directes : foncière, personnelle, mobilière et patentes. Le Trésor seul, représentant l'Etat, a profité de l'augmentation du principal de ces impôts, très considérable à Paris depuis quinze ans, sous l'influence des mêmes causes qui ont élevé l'ensemble des recettes municipales. Celles-ci ne comprennent que le montant des centimes communaux ordinaires grevant d'office les contributions directes, lesquelles n'apportent à la ville, en 1868, que la minime somme de 3,431,524 fr. 07 c., par cette simple raison que la Ville participe pour 92 1/2 pour 100 au paiement des contributions directes à la charge du département entier.

« Le voilà donc connu, ce secret plein d'horreur! »

Voilà donc à quoi se réduit ce chiffre fabuleux de la perception de l'impôt, objet de tant de criailleries. D'ailleurs, qu'on le sache bien, *aucun centime extraordinaire n'a jamais été imposé à Paris du chef de l'administration municipale*, circonstance trop peu remarquée en regard des immenses entreprises qu'elle a accomplies. ELLE A MÊME, AU CONTRAIRE, PAYÉ TOUS LES ANS, SUR LES FONDS DE SON BUDGET, LE CINQUIÈME DU MONTANT DU RÔLE DANS LA CONTRIBUTION PERSONNELLE ET MOBILIÈRE, car le contingent attribué à la ville dans cette contribution a été considéré de tout temps comme trop lourd pour une certaine partie des habitants. *C'est ainsi que tous les habitants de Paris sont affranchis, depuis l'avénement de M. Haussmann, de la cote personnelle*, ET QUE LES

PLUS PETITS LOYERS OBTIENNENT, SOIT L'EXONÉRATION TOTALE JUSQU'AUX LOYERS DE 300 FR., SOIT UNE ATTÉNUATION DE LA COTE MOBILIÈRE JUSQU'A CEUX DE 1,800 FR.

Ainsi, voici qui est bien entendu :

1° La Ville assure le dégrèvement complet de la contribution personnelle à toute la population de Paris, sans exception;

2° Le dégrèvement non moins entier de la contribution mobilière dont elle favorise tous les contribuables qui ont des loyers imposables inférieurs à 250 fr., c'est-à-dire des loyers réels inférieurs à 312 fr. 50 cent.;

3° Des atténuations diverses de cotisations qu'elle opère au profit de ceux dont les loyers imposables sont compris entre 250 et 1,500 fr. ou les loyers réels entre 312 fr. 50 et 1,875 fr.

Le nombre des familles jouissant de l'exonération complète de la contribution mobilière s'est élevé à près de 60,000, et celui des familles dégrevées partiellement à environ 200,000. Ce qui prouve une fois encore que les petits logements ne disparaissent pas dans Paris, comme tant de personnes s'obstinent à le répéter hardiment, et qu'ils s'y multiplient, au contraire, d'année en année. Une autre preuve plus concluante de cette multiplication, c'est que le Préfet doit demander annuellement un crédit indéterminé pour pouvoir faire face au dégrèvement des cotes mobilière et personnelle.

Le dégrèvement projeté consisterait dès lors à porter l'exonération totale jusqu'aux loyers de 500 fr., comme intéressant au plus haut degré les classes laborieuses.

Ce n'est donc qu'à l'aide de ses propres ressources que la ville a pu remplir ses obligations *et payer depuis quinze ans, sans faire appel aux contribuables, plus de 1,400,000,000 fr. de dépenses extraordinaires* sur le chiffre total de 1,865,770,086 fr. 09 c. Elle s'est maintenue constamment dans l'observation du programme qu'elle s'était tracé elle-même dès le début : *pas de surcroît d'impôt, pas de surcharges locales grevant la population dans le présent et dans l'avenir.* Certes, on le comprendra, ce résultat n'a pu être obtenu sans de grandes difficultés et sans un labeur opiniâtre; mais elle en a retiré l'honneur bien doux de faire face à toutes les dépenses et à tous les embarras de trésorerie d'opérations colossales, sans engager rien autre chose que les accroissements de recettes produits par ses fécondes opérations.

Ces accroissements, il faut le constater, ont été considérables, si l'on en juge par la somme annuelle restant disponible d'après l'excédant des recettes et s'élevant à 80,170,001 fr. pour 1867. « Quand on met ce chiffre en regard de celui de 13 millions qui restait libre pour ces entreprises en 1853, et qui a été le point de départ de toutes les opérations financières de mon édilité, dit M. Haussmann, on comprend la confiance avec laquelle ceux qui pouvaient observer de près le merveilleux développement de la ville, ont abordé le vaste ensemble de travaux qui favorisait évidemment ce progrès de la fortune municipale, en même temps qu'il y trouvait un fondement de mieux en mieux établi. On est forcé, d'ailleurs, de reconnaître la sollicitude attentive dont l'administration municipale a toujours fait preuve, contrairement à des assertions répétées tant de fois et avec tant d'assurance qu'elles ont pu souvent égarer l'opinion chaque fois qu'il s'est agi de faire appel au crédit, afin de ne laisser à la charge de l'avenir que la moindre portion possible des dépenses, dont il devait cependant profiter non moins que le présent.

« Enfin, on ne saurait manquer de remarquer le soin scrupuleux que cette administration a mis, dans toutes les occasions de ce genre, à ménager les générations futures aussi bien que la génération actuelle, en basant le remboursement de ses emprunts, *non pas, comme cela se pratique d'habitude, sur le produit de surimpositions ou de surtaxes plus ou moins lourdes et plus ou moins durables*, MAIS UNIQUEMENT SUR DES EXCÉDANTS DE REVENUS CERTAINS, *ménagés à cet effet et surpassant même de beaucoup l'importance du service de la portion de la dette qu'ils devront couvrir*, et qui s'élève annuellement à 27,124,072 fr., ce qui laisse une somme disponible d'environ 53 millions pour les dépenses extraordinaires de toute nature, et spécialement pour celles des grandes entreprises de voirie.

« Ce sont là des faits essentiels qu'il importait de placer désormais hors de toute contestation.

« Maintenant, la progression totale de ce revenu se maintiendra-t-elle? Si les travaux de Paris s'arrêtent ou se ralentissent, ne partagera-t-elle pas le même sort? Cette appréhension repose sur une double erreur : d'une part, il est chimérique d'attribuer l'augmentation actuelle du revenu de la Ville à la consommation faite par les ouvriers que les grands travaux de Paris y attirent et y retiennent. D'autre part, ce sont les constructions particulières, entreprises dans les divers quartiers mis en plus grande valeur ou rendus accessibles et habitables par les percements de l'édilité, qui occupent la plupart des ouvriers du bâtiment venus à Paris depuis quelques années. En effet, les statistiques établissent que les démolitions volontaires, opérées hors du trajet des voies nouvelles en vue de rectifications plus importantes et plus fructueuses, dépassent *deux fois* le nombre des démolitions imputables à l'expropriation pour cause d'utilité publique; et on peut juger par là de ce qui se fait sur les espaces nus que ces voies ont changé tout à coup en terrains à bâtir. En dehors de cette réalité, la vie donnée depuis si peu de temps encore aux quartiers lointains, que des lignes magistrales à peine tracées viennent d'ouvrir à l'industrie du bâtiment, prendra inévitablement, sûrement d'année en année un nouvel essor, si l'on en juge, dès à présent, par le mouvement considérable qui s'opère du centre à la circonférence de la ville, bien qu'à son début, et que la pression du développement constant de la population normale ou flottante ne peut que perpétuer.

« On peut donc accepter comme un fait certain que l'attraction prestigieuse que Paris, point de concours d'une circulation extrêmement active, exerce au loin, et qui amène dans ses murs une affluence non interrompue d'habitants nouveaux ou de visiteurs de plus en plus nombreux, devra logiquement augmenter avec la transformation définitive de la capitale. »

De tout ce qui précède, le lecteur a pu tirer cette conclusion que la Ville, d'abord, loin de grever la population d'impôts nouveaux pour acquitter ses engagements, l'en avait au contraire allégée en payant pour elle un cinquième de la contribution personnelle et en l'exonérant de la cote mobilière; qu'ensuite, afin de ménager les générations présente et future, elle avait, pour le remboursement de ses emprunts, des excédants de revenus certains, non obtenus par le moyen autrefois pratiqué des surimpositions et des surtaxes; et qu'enfin, l'accroissement considérable de ses revenus ne pouvait que se maintenir suivant les excellentes raisons données à cet égard. Il lui serait donc facile, au moyen de l'excédant de 53 millions dont elle dispose annuellement, d'amortir le découvert de 398,440,040 fr. 24 c., formant le solde dû de la dépense totale de 1,863,770,086 fr. 09 c. et exigibles en dix ans. Mais le Conseil municipal, auquel M. le Préfet de la Seine a soumis l'affaire, trouvant plus juste et, disons-le, rigoureusement, absolument plus équitable de ne point laisser à la génération présente la totalité des charges provenant d'embellissements dont profiteront surtout les générations futures, a résolu avec sagesse de reporter sur une période de soixante ans le paiement de cette somme.

Tel est le motif du traité proposé au Crédit-Foncier. Le rapport en avait été confié à une commission présidée par l'honorable M. du Miral, et devait être discuté dans la dernière session. Mais une grave indisposition de ce député ne lui permit pas de déposer son rapport, œuvre très remarquable, très claire, très concise, très impartiale, très étudiée, qui ne fut dès lors que publié. L'éminent rapporteur, à la suite de considérations d'un ordre très élevé, que leur étendue ne nous permet pas, à notre grand regret, de reproduire ici, y constate la nécessité, l'urgence des travaux accomplis dont il loue la magnificence et l'utilité; il reconnait la parfaite régularité, l'intelligence, la moralité qui ont présidé de la part de l'administration municipale à la conclusion des traités, ainsi que sa sincère équité dans l'accomplissement de ses obligations, comme aussi la loyauté de leur exécution par les entrepreneurs; il fait ressortir les avantages résultant des trois réseaux entrepris, au triple point de vue de la sécurité, de l'hygiène et du bien-être sous toutes les formes; signale l'influence considérable qu'ils ont exercé sur la hausse des salaires, l'essor et les bénéfices des industries, la valeur des propriétés immobilières, sans qu'aucune classe d'habitants ait eu à supporter en regard, directement ou indirectement, des aggravations de charges; enfin, après avoir déclaré que le côté moral de ces opérations s'impose à tout juge impartial et défie le soupçon le plus passionné, la commission approuve le traité avec le Crédit-Foncier, et propose seulement en terminant, de réduire, de concert avec le Préfet, les soixante annuités à quarante.

Ces judicieux éloges prouvent catégoriquement combien peu M. Haussmann avait à redouter l'examen et le vote de son budget par le Corps législatif qui vient de le venger si complétement des accusations portées à la tribune et dans la presse contre son administration. De fait, M. le Préfet l'appréhendait d'autant moins que, dès le 11 février 1867, il avait formulé ce désir dans une note insérée au *Moniteur*. Quant à l'emprunt, si la ville s'est adressée à la compagnie foncière, ce n'est pas qu'elle eût été embarrassée de le contracter directement en le présentant aux plus riches banquiers de l'Europe et même au seul public français! « Quelle valeur, en effet, offre plus de sécurité que les bons de la Ville? Son crédit vaut sans aucun doute bien mieux que celui de l'administration foncière, dit M. Zabban. » Cela est incontestable; mais, quoi qu'il en soit, le dernier emprunt direct, obtenu dans d'excellentes conditions, n'avait pu être négocié qu'au taux de 5.50 %, tandis que l'opération avec le Crédit-Foncier peut l'être à 5.10 %, ce qui constitue mathématiquement un bénéfice réel, et dénote les avantages de cette opération. A ces conditions exceptionnellement favorables, il faut ajouter la faculté, pour M. le Préfet seul, de pouvoir anticiper les paiements en bénéficiant d'une réduction d'escompte, et le droit de défaire l'opération pour tout ou partie, c'est-à-dire que si le taux de l'intérêt s'abaisse, la Ville pourra rembourser sa dette en profitant des offres qui lui seront faites sans doute; si, au contraire, le taux de l'intérêt s'élève, elle pourra maintenir l'opération. En présence de si larges faveurs, M. Haussmann n'a point hésité à se débarrasser des ennuis attachés à ce genre de transaction financière et à signer un compromis qui lui permettra de réaliser son vœu le plus cher, celui d'appliquer l'excédant de ses recettes à un dégrèvement d'impôt sur les petits loyers et les boissons.

Ce n'est donc là, en somme, qu'un traité sérieux, équitable, dont la moralité est inattaquable et complète ; de plus, un traité avantageux pour les contractants, mais particulièrement pour la ville, ainsi que le démontre fort judicieusement un économiste distingué : « Sans aucun doute, dit-il, on considérerait comme favorable cette position prise par toute commune de France qui demanderait l'autorisation d'emprunter en justifiant d'un excédant annuel de ressources ordinaires sur les dépenses de même nature. Que serait-ce donc si, après des travaux utiles, immenses, admirés de tous, au moment où elle viendrait faire un emprunt pour payer le solde de sa dépense, cette commune se proposait d'opérer un certain dégrèvement des impôts supportés par ses habitants? C'est pourtant là la situation de M. le Préfet de la Seine. Ce seul rapprochement montre donc toute l'injustice des attaques dirigées contre lui. »

Ce fameux grief des impôts dont on a voulu, mais en vain, exploiter l'épouvantail, me semble à présent suffisamment et victorieusement combattu. Je vais tenter d'en faire autant des deux autres sujets de plaintes réitérées qui semblent venir s'ajouter, aux yeux de ceux qui les soulèvent, comme une conséquence logique du grief précédent, et au fond desquels se retrouve la même inanité. Ces sujets de plaintes sont la cherté des vivres et celle des loyers. On voudrait rendre M. Haussmann responsable de circonstances dans lesquelles son administration n'a rien à voir, et sur lesquelles ses travaux n'ont exercé aucune action. Aussi, est-ce bien ce qu'on peut appeler une véritable querelle d'Allemand, ainsi que nous l'allons facilement démontrer.

Prenons d'abord la cherté des vivres.

Où voit-on, esprit de parti à part, que les vivres soient plus cher qu'il y a vingt et trente ans, si l'on veut bien tenir compte de la plus-value de toutes choses en général et des salaires en particulier? Et même, en se plaçant à ce point de vue-là, ne serait-il pas plus exact de dire, d'affirmer avec assurance, que les vivres de toute nature n'ont certainement pas augmenté en proportion des salaires? En effet, si quelque chose s'est immobilisé alors que tout marche à pas de géant, c'est, par excellence, l'alimentation du plus grand nombre par le restaurant parisien de tout ordre, soit à la carte, soit à la portion, offrant, depuis 1830 sans interruption, le même dîner de 80 centimes à 2 fr. 50 par tête, et les portions de 20 à 40 centimes. Ne parlant que de l'ouvrier, n'y a-t-il pas aujourd'hui, bien mieux qu'en 1830, des milliers d'établissements spécieux où il trouve *son ordinaire*, c'est-à-dire une bonne soupe grasse et un bon bœuf pour 35 centimes? Or, avec deux ordinaires par jour, n'est-on pas très bien nourri? C'est la nourriture du soldat, et elle a toujours passé pour saine et suffisante. A cette première dépense de 70 centimes, il convient d'ajouter une chopine de vin de 35 centimes, que le soldat ne boit pas, plus 30 centimes de pain et 15 centimes de tabac, ce qui donne un total de 1 fr. 50 c., mettons 2 fr., et les salaires ne sont guère au-dessous de 4 fr. 50 c. à 5 fr. par jour.

A ces établissements innombrables, joignez une foule de crêmeries, délices des ouvrières et des ménagères, où l'on boit une bonne tasse de café ou de chocolat pour 20 centimes; puis une myriade de petits traiteurs particuliers, c'est-à-dire ne faisant la cuisine que pour un faible noyau d'habitués, composé principalement d'employés, de célibataires ou de rentiers du quartier. J'ai mangé de toutes ces cuisines; j'ai goûté aux *ratas* de l'ouvrier ainsi qu'au turbot fantastique des dîners à prix fixes, comme je continue d'y goûter tous les jours, et la seule différence que j'en fasse avec les repas de 1830, c'est que ceux d'aujourd'hui, restés aux mêmes prix, sont beaucoup meilleurs.

En un mot, il serait difficile d'imaginer le nombre énorme d'endroits de tout genre, de tout aspect, de tous prix, où l'on peut se restaurer à Paris. Il y en a partout, depuis les sous-sols jusqu'au troisième étage des maisons. Il faut avoir fouillé la capitale du haut en bas comme je l'ai fait pour s'en former une idée. Qu'il suffise de savoir qu'en 1867 on comptait 23,043 de ces établissements. Il est évident que ce côté de l'industrie parisienne est devenu l'objectif de la plupart de ceux qui cherchent à s'établir. Cette puissante émulation ne peut que profiter au consommateur, et, sous ce rapport, j'en suis charmé pour lui, surtout si elle développe la remarquable spécialité fondée par M. Duval, innovation heureuse et morale, création utile et hygiénique dont on ne saurait trop souhaiter de nombreuses reproductions, car elle constitue une véritable révolution dans le bien-être et la dignité de l'alimentation à bon marché. Cette organisation simple et honnête de vastes établissements fonctionnant avec une admirable discipline, et dans lesquels chacun, riche ou pauvre, peut venir sans déroger, prendre pour une modique somme (80 centimes à 2 francs), un repas confortable servi dans les plus honorables conditions, mérite certainement de sincères félicitations. Pour mon compte, j'ai toujours été surpris qu'à titre de récompense et d'encouragement, on n'ait pas offert la croix à M. Duval, moins peut-être pour les maisons que cet éminent industriel a fondées, que pour la voie de progrès et d'hygiène qu'il a ouverte, dont il est l'initiateur, et que commencent heureusement à calquer d'intelligents imitateurs qui, à leur tour, en engendreront d'autres, tant cette honnête création réalise d'heureux résultats pour l'entrepreneur et le client.

Si j'ai peut-être insisté longuement sur ces détails, c'est qu'à mon sens ils sont destinés à trancher le germe d'une odieuse et absurde accusation, et à prouver, en somme, que les moyens de se sustenter n'ont jamais été plus considérables, circonstance qui semblerait expliquer avec une certaine logique la persistance du maintien des anciens prix jusqu'à présent, et préconiser plutôt la baisse que la hausse de ces prix dans l'avenir.

Quant à l'abondance des vivres, voici une statistique qui parle plus haut que tous les discours et articles possibles sur la misère, les privations et autres graves extrémités sensément supportées par les Parisiens en 1867. Cette statistique établit qu'en ladite année Paris a consommé 2,477,775 animaux représentant près de 200 millions de kilogrammes de viandes diverses, 557,605,859 livres de pain, et la récolte des céréales fut exceptionnellement mauvaise; plus de 4,575,561 hectolitres de vin naturel, 300,000 hectolitres d'alcool pur et 100,000 colis de légumes. A ces bases essentielles de la nutrition, ajoutez, comme superflu : 15 millions de volailles, 250 millions d'œufs, 20 millions de kilogrammes de marée, 20 millions de livres de raisins, 350,000 hectolitres de bière, 60,000 hectolitres de cidre, etc., etc. Or, lorsqu'un peuple que l'on prétend accablé de tant et de si lourds impôts, de charges si pénibles, une population exposée à la cherté des vivres et des loyers, trouve encore le moyen de consommer le superflu que nous venons de citer, il y a espoir qu'elle pourra supporter longtemps encore le fardeau d'une existence que les campagnes seraient très heureuses de partager.

Aussi je cherche en vain, je l'avoue, à quelle époque l'ouvrier, dont je me préoccupe plus particulièrement comme offrant les côtés les plus intéressants, a pu mieux se nourrir avec plus d'abondance et à meilleur marché? Et encore les maçons, qui sont en si grand nombre à Paris, ne dépensent-ils pas 2 fr. par jour, à beaucoup près. Donc, si le pain a été cher, c'est une affaire de récolte qui regarde Dieu, et la meilleure preuve, c'est que du moment où la récolte est bonne, en un clin d'œil la situation se transforme. Lisez, à l'appui de cette opinion, cet entrefilet du *Monde*, du 23 octobre 1868 :

« Le prix du pain vient de subir une diminution et est, en ce moment, pour les deux kilogrammes (quatre livres), à quatre-vingts centimes.

« Cette diminution s'explique par la situation de la dernière récolte qui a été *bonne* comme *quantité* et *exceptionnelle* comme *qualité*. De plus, la récolte ayant été en avance cette année, les farines nouvelles ont pu être livrées immédiatement à la consommation. Il y a lieu d'espérer, et à l'approche de l'hiver nous ne saurions trop nous en féliciter (ainsi que nous), que le prix du pain restera au prix actuel pendant quatre à cinq mois, si même ce prix ne s'abaisse au-dessous de quatre-vingts centimes. »

Il est certain que les prix de la viande subiraient une diminution analogue, si les agriculteurs voulaient consacrer leur temps et leur argent au développement et à l'amélioration des prairies qui, seules, font les bestiaux bons et gras. Ceci n'indique-t-il pas clairement que l'œuvre de M. Haussmann est parfaitement étrangère à ces deux faits.

Il résulte donc matériellement de ce qui précède, que les bases essentielles de la nourriture sont restées aux anciens taux, du moins quant aux restaurants où s'alimente la moitié de Paris, tandis que ceux des salaires se sont sensiblement élevés. Pourquoi donc alors l'ouvrier serait-il plus malheureux aujourd'hui que jadis ? La raison en est bien simple : c'est que l'ouvrier actuel a contracté des goûts, des habitudes dépensières qu'ignorait l'ouvrier d'autrefois ; c'est qu'il lui faut chaque jour maintenant son absinthe ou son bitter, son gloria suivi d'une foule de pousse-café, puis la fine partie de billard arrosée de mooss de bière, car ce travail-là donne chaud, et finalement les régalades de toute nature et à tout bout de champ, jusqu'au moment de se séparer.

M. Emile Blavet, du *Figaro*, raconte, dans le numéro du 10 août, « qu'un statisticien a calculé que, dans les vingt arrondissements de Paris, il y a 12,543 cafés, estaminets, brasseries, qui possèdent environ 30,000 billards. Les billards rapportent en moyenne 10 francs par jour, ce qui donne pour la ville une recette quotidienne de 300,000 francs, et annuelle de *cent neuf millions cinq cent mille francs.*

« Combien de petits états, ajoute le rédacteur, dont le budget ne s'élève pas à cette somme ! »

En citant ce fait, je n'entends nullement critiquer ou blâmer la manière dont l'ouvrier dépense son argent et à quoi il le dépense, Il l'a gagné, il en fait ce qu'il veut, c'est son droit, je n'y ai rien à voir ; seulement, il me semble qu'en tout état de cause, si quelques plaintes légitimes peuvent être formulées, toujours est-il que ces plaintes seraient sans raison de la part du plus grand nombre, et particulièrement des ouvriers que M. Haussmann a certainement favorisés le plus qu'il a pu. Des travaux incessants, bien rémunérés (on compte à Paris, dit *l'Union* du 6 octobre, 500,000 ouvriers et ouvrières gagnant chacun 5 fr. par jour) ; toutes les faveurs matérielles qu'il a pu inventer, inaugurer, pratiquer à l'égard des classes populaires, sont des témoignages réels de sa sympathique bienveillance et des titres à la reconnaissance qu'elles lui doivent et qu'elles sont très disposées, nous le savons, à lui décerner. D'ailleurs, dit M. Maxime du Camp, dans la *Revue des Deux-Mondes*, les plaintes de la population parisienne sont-elles bien légitimes? Ménage-t-elle ses ressources de façon à ne pas se trouver prise au dépourvu? Une comparaison montrera d'une manière péremptoire quel genre de consommation particulière elle recherche, et que trop souvent elle sacrifie ses besoins à ses goûts. Ainsi, il existe à Paris 1,201 boulangers et 1,574 bouchers, contre 11,340 *cabarets*, 644 *liquoristes* et 1,631 *cafés*. N'y-a-t-il pas là un indice grave à méditer avant de se prononcer sur la légitimité des plaintes? C'est pourquoi je ne vois pas le moins du monde ce qu'ont à faire en tout ceci les embellissements de M. Haussmann?

Si, de l'ouvrier, j'arrive au ménage de l'employé, c'est toujours la même chanson, avec aggravation dans la conduite de ce dernier, car il a des appointements fixes qui lui permettent de toujours équilibrer son budget, tandis que l'ouvrier doit essuyer les pertes du chômage invariable à un moment donné de l'année. La seule ressemblance qu'ils aient entre eux, c'est que l'employé, lui aussi, subit les mêmes entraînements de consommation de cafés, de jeux, etc.; et, en outre, qu'il est dévoré par des frais de représentation vaniteuse et sotte : toilettes extravagantes et luxueuses de sa femme et de ses enfants sur le dos desquels passe le plus clair de ses appointements. De là des dettes, de la gêne; tout est hors de prix, inabordable; le Gouvernement le ruine, c'est la faute de M. Haussmann! Parbleu! Comment donc! Mais c'est tout simple!... De telles allégations seraient à coup sûr risibles, si le résultat n'en était au fond très triste. Cependant, comme palliatif à notre critique, nous reconnaissons volontiers qu'il n'y a pas de proportion gardée entre les gros emplois et les petits. Les premiers sont trop grassement rétribués et les petits trop maigrement. Il est difficile, en effet, que des employés à 12 ou 1,500 fr. puissent se tirer convenablement d'affaire. Mais à toutes les époques cela s'est toujours passé ainsi, et M. Haussmann n'y peut malheureusement rien.

Après l'ouvrier et l'employé, vient la classe non moins sympathique du petit commerçant. Encore la même et éternelle chanson. Autrefois, un commerçant n'ouvrait un établissement qu'après un long apprentissage, des connaissances sérieuses de l'industrie qu'il voulait exercer, et la possession d'économies nécessaires pour faire face aux premières difficultés d'installation. Aujourd'hui, tout individu muni d'un ou deux billets de mille francs, et quelquefois moins, ouvre une boutique, plus spécialement de consommation, telles que marchand de vins, fruitier, traiteur, etc. Il ne connaît souvent pas l'A B C du métier qu'il entreprend ; mais il a un ami qui a réussi ou du moins qui résiste, et cela lui suffit.

Qu'arrive-t-il? On le devine sans peine. Le nouveau-venu a payé six mois de loyer d'avance ; pour attirer le chaland, il vend à meilleur marché que son voisin, fait crédit et épuise ses premières provisions desquelles, naturellement, il est peu ou point remboursé par le consommateur. Il demande alors lui-même crédit au marchand en gros qui lui a fait sa première fourniture ; l'échéance arrive, il ne peut rembourser son règlement de compte sous prétexte que le commerce ne va pas depuis qu'on démolit tant, qu'il y a tant d'impôt, qu'on fait ceci et cela ; bref, en moins d'un an, après s'être beaucoup privé et donné de soucis et de peines, il se retire nu comme un petit Saint-Jean pour reprendre son travail d'ouvrier qu'il n'aurait jamais dû quitter.

Est-ce donc l'élévation des frais de location, d'impôts ou de toute autre nature qui amène ces obscures catastrophes commerciales d'autant plus regrettables qu'elles frappent le petit commerce et le ruinent sans retour? Nullement. C'est d'abord l'ignorance du métier et la mauvaise administration du fonds qu'on exploite ; puis, cette manie de vouloir s'établir quand même, sans les ressources nécessaires pour lutter; manie d'autant plus funeste qu'il y a pour ainsi dire présentement autant de boutiquiers que de consommateurs ; — sur le boulevard des Batignolles, par exemple, de la barrière Clichy à la rue de la Mairie, sur 19 maisons on compte 18 traiteurs-marchands de vins, — effroyable concurrence d'où ne peuvent forcément sortir que désastres et misère, alors qu'elle s'agglomère sur un même point au lieu de se diviser sur plusieurs, et que toutes les diminutions de loyers, d'impôts, de frais, ne feraient que retarder, mais n'empêcheraient pas.

D'où il suit, une fois de plus, que je ne découvre pas davantage en quoi la transformation de Paris peut être responsable d'un tel état de choses.

Maintenant, passons aux loyers.

On prétend que de nos jours il n'y a plus moyen de se loger, que les loyers sont hors de prix *par suite des démolitions;* que l'ouvrier est refoulé au loin, et que tout cela est naturellement la faute de M. le Préfet de la Seine. « Les uns critiquent les retards apportés presque toujours forcément à l'exécution de certaines opérations qu'ils désirent avec impatience comme propriétaires ou habitants des quartiers intéressés à ces opérations. Mais d'autres voudraient que la Ville ne se bornât pas à favoriser les constructions nouvelles en les rendant possibles, mais qu'elle en entreprît elle-même, afin de faire baisser l'élévation des loyers. Chimère à laquelle se laissent prendre beaucoup d'esprits honnêtes, mais non réfléchis. »

En première ligne, l'augmentation des loyers est en général la conséquence logique de la plus-value que toutes choses ont acquise par les raisons précédemment déduites. Or, disons-le hardiment, parce que c'est la vérité, une vérité mathématique : « sans l'impulsion donnée à l'industrie du bâtiment par l'ouverture de nombreuses voies nouvelles qui ont rendu habitables des espaces jusqu'alors inaccessibles, l'augmentation des loyers aurait été encore bien plus forte à Paris sous la double influence de l'accroissement rapide de la population et des causes générales qui ont enchéri tous les prix, et même celui des loyers dans les grandes villes de l'Europe comme dans la capitale. »

En veut-on une preuve irrécusable? La statistique, sous la plume de M. Haussmann, va nous la fournir :

« Dans la période de 1852 à 1861, la population du département, qui était de 1,422,065 habitants, s'est élevée à 1,953,660, avec augmentation de 531,595 personnes. Donc, à raison de 3 habitants par logement, il fallait près de 180,000 logements dans le département. Paris seul en réclamait 145,000 pour recevoir ses nouveaux habitants, sans souffrance pour les anciens.

« Or, se rend-on bien compte des maisons neuves ou agrandies que représentent de tels chiffres, et, dans ce cas, peut-on s'étonner de la sollicitude avec laquelle l'Administration municipale de Paris s'est inquiétée pour sa part de préparer sur tous les points de cette ville le plus grand nombre possible d'emplacements propres à recevoir des constructions, et de l'empressement qu'elle a mis à percer en tous sens des voies magistrales, afin d'ouvrir de faciles communications du centre à la circonférence, et de transformer ainsi en terrains prêts à bâtir des îlots déserts et improductifs par suite de leur situation?

« Sans doute la cherté des loyers s'est produite malgré tout ce qu'on a fait pour la conjurer; mais il faut se demander ce qu'elle aurait été en présence d'une augmentation non interrompue des habitants, si l'Administration municipale, plus soucieuse de son repos que de ses devoirs, était restée dans l'inaction. Que de reproches fondés n'adresserait-on pas à l'édilité parisienne, si elle avait pris le parti commode de se croiser les bras pendant les dix dernières années, au lieu de seconder la prévoyance de l'Empereur en exécutant avec résolution et rapidité des mesures qu'on a d'abord jugées audacieuses, mais dont les faits actuels démontrent la sagesse. »

On ne saurait présenter plus clairement de plus solides arguments étayés de meilleures raisons. Quant à l'impression fâcheuse que cette augmentation des loyers a pu produire sur le public en venant le surprendre brusquement, c'est à un arrêt souverain de la Cour de cassation, rendu en 1863, qu'il faut en attribuer la cause, et non à M. Haussmann. Cet arrêt a eu, en effet, le privilége fâcheux de détraquer tout le système antérieurement adopté et suivi par le Préfet, en déclarant contre tout précédent que les baux des maisons achetées par la ville et dont celle-ci entendait respecter la durée, étaient virtuellement anéantis par le seul fait du décret qui déclarait l'utilité publique des percements, *et donnaient lieu à indemnité comme en cas d'éviction*. Jusqu'à cette époque, *le délai de dix années imposé par la loi pour l'achèvement des réseaux, permettait à la Ville d'acheter amiablement, à mesure qu'ils se présentaient dans des conditions acceptables, les immeubles situés sur le périmètre des rues à ouvrir*, ET COMME ELLE ÉTAIT MAÎTRESSE DE FIXER L'ÉPOQUE DE L'EXÉCUTION, ELLE POUVAIT S'ENGAGER DANS UN GRAND NOMBRE DE CAS A RESPECTER LES BAUX EXISTANTS. Telle avait été sa pratique constante. La jurisprudence nouvelle a eu pour conséquence *de mettre immédiatement à la charge de l'administration municipale le paiement de toutes les indemnités réclamées, de ne plus lui concéder un système d'acquisitions partielles, de l'obliger, désormais, à exproprier simultanément des îlots considérables, toutes formules désastreuses qui l'ont mise dans la nécessité d'appeler à la fois, devant le jury, les habitants de tout un quartier*. CES EXPULSIONS EN MASSE PRODUISAIENT UNE HAUSSE SENSIBLE SUR LES PRIX DES LOGEMENTS DU VOISINAGE; LA HAUSSE DES LOYERS SE CAPITALISAIT IMMÉDIATEMENT, ET ÉLEVAIT D'AUTANT LE PRIX DES IMMEUBLES QU'IL FALLAIT BIENTÔT APRÈS EXPROPRIER, AUGMENTANT PAR LA MÊME RAISON LE MONTANT DES INDEMNITÉS A PAYER AUX LOCATAIRES. De là, une plus-value rapide et considérable dont il serait absolument injuste, ainsi que nous venons de le dire, de faire retomber la responsabilité sur M. Haussmann, déjà bien assez dérouté par cette grave décision. Cette circonstance fut donc la première raison déterminante d'une modification appréciable dans les prix des loyers, en ce qu'elle fut tout inattendue et bouleversa le système suivi jusqu'alors, ouvrant en outre d'immenses horizons aux prétentions des intéressés.

Passant ensuite au chapitre des démolitions si souvent mis à contribution par la critique, comme cause principale, et d'après moi seulement secondaire, de l'augmentation des loyers, je dirai que, s'il a été démoli beaucoup de vieilles masures infectes et vermoulues, il a été reconstruit un bien plus grand nombre de maisons saines et confortables; à ce point que ceux-là mêmes qui se plaignaient jadis du chiffre des démolitions se demandent aujourd'hui où l'on trouvera assez de locataires pour occuper les habitations finies ou en cours d'exécution. En un mot, depuis quinze ans, à Paris, le chiffre des constructions a dépassé celui des démolitions de 19,706; les logements nouvellement créés excèdent les logements disparus de 110,495; c'est-à-dire qu'on a fait place à plus de 350,000 habitants nouveaux. L'argument des adversaires du Préfet est donc sans valeur.

Oui! mais, réplique-t-on, l'ouvrier ne peut prétendre à ces logements par suite de leurs prix élevés, d'où il suit qu'il est obligé d'aller chercher au loin un toit pour s'abriter? A cette observation, je réponds simplement que depuis longtemps les ouvriers avaient abandonné la plupart des bicoques pestilentielles condamnées par le tracé des grandes artères, pour les localités plus saines entourant Paris; mais, en admettant même qu'un certain nombre d'entre eux eussent désiré y conserver leur domicile, j'ajouterai que ce ne pouvait être une considération suffisante pour entraver les percées décrétées, et, bien loin de là, que c'était rendre service à ces artisans en les renvoyant avec une indemnité de ces malsains et peu solides refuges. Si les écrivains-critiques qui accusent le Préfet d'avoir rejeté la population ouvrière au-delà des fortifications, dans les champs, voulaient se donner la peine, eux qui, sans doute, n'ont guère déserté le quartier des Italiens, à en juger par le rédacteur du *Figaro* que nous citions tout à l'heure, et dont la première visite au parc Monceaux, ainsi que celle de M. Litton, du *Siècle*, au parc des Buttes-Chaumont, *n'ont eu lieu qu'en juillet* 1868; si ces écrivains, plus distingués que bien renseignés, voulaient prendre la peine de s'aller promener une heure sur les anciens boulevards extérieurs des deux rives, actuellement si beaux, si larges, si bien entretenus, ils y trouveraient des terrains vagues propres à bâtir à des prix très ordinaires, ainsi que des constructions en train et d'autres terminées, de quoi loger trois fois la population ouvrière de Paris.

Cette observation se trouve confirmée par les quelques lignes suivantes empruntées au *Journal des Economistes* de Janvier 1867 :

« La plus forte partie de la population de Paris, celle qui habite les neuf arrondissements les plus peuplés, c'est-à-dire 938,170 personnes, n'occupe qu'une étendue superficielle de 1,880 hectares. Dans les autres arrondissements, sur une étendue de 5,922 hectares, il n'y a que 887,104 habitants. Si l'espace était réparti de la même manière entre les arrondissements, Paris peut contenir trois millions et demi d'habitants. Et remarquez que dans les onze autres arrondissements, les prix des terrains ne sont guère plus élevés que hors des fortifications. Mais les ouvriers préféreront toujours franchir les barrières pour se loger, à cause du bénéfice de l'octroi, comme avant l'annexion ils aimaient mieux la banlieue où ils jouissaient du même bénéfice. »

Voilà, en effet, l'explication toute naïve du déplacement des ouvriers et des petits ménages. Les ouvriers qui, en résumé, n'ont jamais sous aucun régime, de même que les petits employés, habité que les quartiers extrêmes de la capitale, et de préférence les anciennes banlieues où ils avaient un bénéfice dans la non perception des droits d'entrée sur les objets de consommation, aiment beaucoup mieux, aujourd'hui qu'ils ont à leur disposition tant de moyens économiques de transport que l'avenir rendra encore plus praticables, se loger en dehors des nouvelles barrières, au grand air des alentours de Paris où, depuis 1850, ont été créés 57 nouveaux villages, afin de profiter du même bénéfice sur les taxes d'octroi. C'est à la fois très judicieux, très intelligent, et en rapport avec les principes d'une sage économie basée sur les ressources dont on peut disposer.

En un mot, et comme conclusion de cette question si controversée de la cherté des loyers, je répéterai avec M. Louis Chauveau, du *Constitutionnel*, que cette plus-value est, avant tout, le résultat normal des progrès considérables introduits dans tout et partout depuis quinze ans. N'est-il pas naturel, en effet, que si les habitants d'une cité importante comme Paris sont mieux, plus agréablement et plus sainement logés, s'ils jouissent d'une infinité de bénéfices matériels et moraux jusqu'alors inconnus, ils soient dans l'obligation de les acquitter sous une forme ou sous une autre, et le contraire ne serait-il pas souverainement injuste? D'ailleurs, le taux du loyer n'est-il pas toujours en rapport direct avec l'*utilité* que la chose louée procure? Or, le séjour des grandes villes devenant plus confortable, plus commode, plus fructueux, plus recherché, il est de toute logique qu'il le faut plus chèrement payer.

VII

Je crois donc avoir suffisamment démontré toute l'injustice des critiques adressées à l'administration municipale, à propos des trois questions si graves de l'impôt, des loyers et des vivres sur lesquels la transformation de Paris n'a produit et ne pouvait produire, en fin de compte, aucun effet spécial. Je ne m'y arrête pas davantage, et je passe au dernier et palpitant grief, celui qui a soulevé le plus de tempêtes, et sous lequel devait, dit-on, succomber M. le Préfet. Je veux parler de cette fameuse affaire du cimetière Montmartre, à propos de l'admirable projet de la ville qui voulait appeler à prendre sa part de la vie générale, ce versant si déshérité de la butte donnant sur la campagne, et de la question non moins capitale du déplacement des nécropoles parisiennes à Méry-sur-Oise, qui en devient la conséquence.

On se souvient que, pour obtenir ce premier résultat, 22 tombes devaient être déplacées. C'est à cette nouvelle que plusieurs organes de la presse se mirent à crier à la profanation, bien que, sous Louis-Philippe, 317 tombes eussent été enlevées sans occasionner le moindre tumulte. Au Sénat, où l'on ne connaissait qu'imparfaitement l'affaire, les discussions les plus orageuses furent engagées au point de vue moral, et le projet y subit un échec, tandis qu'à Montmartre, bien plus directement en cause, les habitants étaient très partisans du projet préfectoral, ainsi que le constatait une note insérée dans *le Figaro*, il y a quelques mois, à ce sujet.

Ce vacarme apaisé, un journal de l'opposition, *l'Opinion nationale* du 21 juillet 1868, publia la lettre suivante que je livre aux méditations des Parisiens :

« Monsieur le Rédacteur,

« Puisque décidément le budget de notre Babylone va étaler ses millions devant le Corps législatif, je rappelle à l'attention de messieurs nos députés, et spécialement des députés de Paris, une question capitale qui semble abandonnée, et que l'été exceptionnel qui nous étouffe et nous grille pose plus impérieusement que jamais. J'ai d'autant plus le droit de soulever cette question que j'y suis personnellement intéressé, et je la soulève avec d'autant plus d'énergie que mon intérêt privé est tout à fait d'accord avec l'intérêt général.

« Serai-je agréable ou importun, passerai-je pour un critique frondeur ou pour un ami officieux? Peu m'importe. Je n'ai aucune raison pour chercher à plaire ou à déplaire à M. le Préfet de la Seine; mais je déclare franchement que je ne comprends pas qu'un homme de sa trempe, qui a l'habitude de marcher à son but contre vents et marées, n'ait pas fait plus d'efforts pour emporter de front cette mesure si urgente des déplacements des cimetières qui est, pour une partie de la population parisienne, une question de *vie ou de mort*.

« Je suis voisin du cimetière Montmartre, où l'on s'obstine, au mépris de la loi et sans souci de la santé publique, à inhumer les morts de cinq arrondissements. J'ai visité ce foyer de pestilence, qui m'envoie, chaque fois que souffle le vent d'Ouest, et surtout après les pluies d'orage, des bouffées de senteurs écœurantes.

« J'affirme qu'en dehors des parties réservées aux longues concessions, il ne renferme pas une parcelle de terre qui ne soit saturée d'éléments organiques dus à la décomposition des corps humains. Et tous les jours, on creuse, on fouille cette terre. On en extrait des restes imparfaitement consommés, pour creuser des fosses nouvelles, des fosses communes, où la distance réglementaire de 40 centimètres que l'on doit maintenir entre les bières n'est pas même observée, tant on est à court de place. Quand on approche de ces fosses communes, l'odeur nauséabonde vous saisit. Six heures après, vous la sentez encore.

« En choisissant, pour y déposer leurs morts, ce sol argileux tout à fait impropre à un tel usage, nos pères n'ont fait preuve ni de savoir, ni de prudence; en continuant à y entasser les cadavres que la population, de plus en plus nombreuse, y déverse chaque jour, nous ne sommes plus seulement ignorants ou imprévoyants, nous sommes fous ou coupables. Il n'y a pas de sentimentalité, quelque respectable qu'elle soit, pas d'économie, quelque nécessaire qu'elle paraisse, qui puisse prévaloir contre la santé et la vie de deux millions d'âmes.

« En 1865, le choléra a commencé à Montmartre. *Attendra-t-on encore une nouvelle épidémie? Peut-être n'attendra-t-on pas longtemps.*

« J'ignore dans quelles conditions sont les autres cimetières de Paris. Je ne connais que celui dont j'habite le périlleux voisinage, et je dis *qu'il faut le fermer et l'assainir le plus tôt possible, si l'on veut s'éviter de cruels regrets et une terrible responsabilité.*

« L'assainissement est facile. Les arbres sont les grands purificateurs du sol. Il suffit de planter dans cette terre putride. Mais n'y mettez plus de cadavres; *éloignez les morts des vivants,* où tous vos travaux, toutes vos précautions, toute votre sollicitude pour la salubrité de Paris seront inutiles.

« J'appelle, je le répète, sur cettre grave question, l'attention du Corps législatif et l'initiative des députés de Paris. En 1865, après les ravages du choléra, une commission de salubrité fit une enquête qui révéla, m'a-t-on dit, des faits déplorables et navrants.

« Ne peut-on demander à l'administration d'exhumer ces tristes documents de la fosse commune où dorment les enquêtes? Le simple exposé de cette situation que trois années écoulées ont rendue plus lamentable et plus dangereuse encore, suffirait probablement pour éclairer tous les esprits.

« Eugène Nus. »

Tel fut le premier et éloquent pladoyer en faveur de cette sage et salutaire mesure de la translation des cimetières de la capitale, et c'est un organe opposant qui l'adresse aux parisiens.

M. Francis Magnard, dans *le Figaro* du 22 juillet, en reproduisant cette lettre, la faisait précéder des réflexions suivantes :

« Lire dans *l'Opinion nationale* un entre-filet dont je sais grand gré à M. Eugène Nus, puisqu'il a le courage d'approuver un projet de M. Haussmann, aussi méconnu que M. Duruy.

« Il s'agit du déplacement des cimetières, à propos duquel les opposants de toute nuance ont poussé les hauts cris. Toucher aux morts ! Mieux vaut empester les vivants. On a vu le funèbre M. Feyrnet se joindre au folâtre M. Rouyé, dans cette campagne contre un projet utile et humanitaire, — *parce qu'il venait de M. Haussmann.*

« Les morts n'empestent point et vous en parlez sans respect, — me diront les sentimentalistes. Je leur demande de répondre aux arguments de M. Nus, voisin du cimetière Montmartre. »

Un rédacteur du *Siècle*, M. Leneveux, ajoutait en reproduisant également la lettre de M. Nus dans ses *Echos* du 22 juillet :

« Nous recevons de plusieurs habitants riverains du cimetière Montmartre les lettres les plus pressantes pour nous inviter à signaler le danger qu'offre en ce moment surtout la continuation des inhumations dans ce cimetière, et à demander s'il ne serait pas possible d'apporter un prompt remède à un état de choses aussi inquiétant.

« *L'Opinion nationale* publiait hier soir une lettre qui résume énergiquement les plaintes très fondées des riverains du cimetière. Nous en reproduisons la partie essentielle... »

Un autre publiciste, dans une lettre intitulée : *Comment les morts tuent les vivants,* disait encore ceci à propos du même cimetière :

« Paris est situé dans un fond comme beaucoup de villes traversées par une rivière, et entouré de coteaux assez élevés. En déplaçant les cimetières du centre pour les transporter sur ces coteaux, sait-on à quoi l'on s'est exposé? Les eaux de ces parties montagneuses, d'où qu'elles viennent, creusent souterrainement leur sillon, vont pourrir les corps et passer à travers pour s'en aller alimenter des citernes et des puits qu'elles empoisonnent à la longue, et que plus tard il faut abandonner. Mais avant ce temps, combien de ces eaux ont été dépensées en famille, détruisant impitoyablement la santé des plus forts? Il faut donc, pour ajouter à la grandeur de notre époque, créer au loin un nouveau cimetière, n'en déplaise aux orateurs des Chambres qui parlent contre ce projet. Sans cela, les populations qui vont naître nous prendront en pitié pour n'avoir vu le mal qu'à fleur de terre.

« Certes, personne plus que moi ne vénère les tombeaux ; mon respect pour les morts va jusqu'au fanatisme. Mais enfin, de par les hommes et par Dieu, n'enterrons plus dans les cimetières de Paris.

« De ce que je dis des eaux qui filtrent à travers les corps humains, je vais fournir une preuve irrécusable :

« Presqu'au sommet de la butte Montmartre est un petit cimetière dans une sorte d'enclos où les morts sont littéralement enterrés dans l'eau, ce qu'on peut vérifier en enlevant seulement deux pelletées de terre. Eh bien ! ces eaux, où tombent-elles? Moi, je vais vous le dire. Elles vont au bas de la côte servir, sans qu'on s'en doute, aux besoins de pauvres ménages qui trouvent moins fatigant de les prendre là que d'aller les puiser aux fontaines publiques.

« A l'avenir, enterrons donc les morts au loin, et semons le bien là où le mal existe. »

Après cette première explosion contre les cimetières de Paris, et particulièrement celui de Montmartre, *le Figaro*, déjà nommé, dans son numéro du 26 juillet, insère ces quelques lignes d'un de ses rédacteurs, M. Emile Blavet :

« Le cimetière du Père-Lachaise répand, par ces chaleurs, des miasmes effroyables; les voisins demandent à grands cris qu'on n'y enterre plus personne.

« Allons ! Allons ! *l'idée de Méry-sur-Oise n'est déjà pas si mauvaise.* »

C'est également l'opinion exprimée par le docteur Favrot dans son savant opuscule sur le *Nouveau cimetière de Paris.* « D'après nos informations sur l'organisation projetée par l'administration municipale, dit-il, il nous semble difficile d'en trouver une plus démocratique et qui réponde mieux aux justes préoccupations que nous avons signalées au point de vue de l'hygiène et de la salubrité.

« C'est à l'extrémité de la vallée de Montmorency que sera situé le nouveau cimetière. Là s'étend un immense plateau d'environ 1,000 hectares, c'est-à-dire neuf fois plus grand que les neuf cimetières réunis du Paris actuel, dont la surface à pente douce est en partie couverte de bois. Son point culminant s'élève à 90 mètres au-dessus de l'Oise. La couche qui recouvre le sol, à base calcaire, est un terrain sablonneux dont l'épaisseur varie de trois à douze mètres, non sujet par conséquent aux infiltrations et aux émanations horribles des nécropoles parisiennes. Situé au nord et un peu à l'ouest de Paris, les conditions géologiques de ce plateau sont bien différentes et hygiéniquement bien supérieures à celles des cimetières de la capitale. Il n'y a à craindre ici ni les infiltrations, ni les émanations miasmatiques qui se produisent dans les terrains dont l'assise est formée de terre glaise ou de marne comme dans les cimetières actuels. En mêlant une certaine quantité de la couche calcaire à la couche sablonneuse, ce mélange, éminemment conservateur, aura pour résultat la momification sèche des corps et satisfera à toutes les exigences de l'hygiène, de la santé publique et du respect éternel que l'on doit avoir pour nos derniers restes.

« Une grande considération encore, c'est que la valeur vénale de ces terrains ne devant pas s'élever pour la ville à plus de trente centimes le mètre, elle pourra faire jouir la population de tous les avantages désirables. *Enfin, il n'y aura plus de fosse commune.* »

Malgré ces extraits déjà si concluants, je ne veux pas déserter cette question si intéressante des cimetières de Paris sans épuiser à son sujet les citations les plus importantes empruntées aux feuilles les moins sympathiques.

Dans *le Figaro* déjà nommé, M. Alexandre Duvernois écrivait le 5 août :

« Nous faisions dernièrement allusion aux émanations putrides des cimetières de Paris, et nous enregistrions les plaintes légitimes des individus qui habitent aux environs des champs de repos. Il faut croire qu'on s'est ému de notre prose, puisqu'on s'occupe activement à l'Hôtel-de-Ville de l'adoption du système Falcony. Ce procédé consiste à entourer les corps d'une mixture désinfectante et préservatrice inventée par ce savant docteur. Du reste, le projet de translation à Méry-sur-Oise rendra indispensable l'usage de cette poudre, puisque chaque inhumation aura le caractère d'un transport.

Notre conviction, qui est partagée du reste par les hygiénistes les plus compétents, est *qu'après la disparition des cimetières, Paris sera,* grâce à ses bouleversements et au percement des voies nouvelles, *la ville la plus saine du monde.*

« — Mais qui paiera la note? me direz-vous.

« *Nos fils, auxquels on aura donné la plus belle capitale de l'Europe et qu'on aura préservé des épidémies et des maladies inhérentes aux constructions défectueuses.* »

Un autre écrivain du même journal, M. Georges Maillard, publiait de son côté, dans le numéro du 13 août, ces lignes à méditer :

« Si l'on ne consultait que les habitants de Montmartre sur la fermeture de leur cimetière et sur l'ouverture immédiate de celui de Méry-sur-Oise, à coup sûr, la chose serait faite demain, et M. Haussmann triompherait.

« Mais bien que cette affaire doive se faire un jour forcément, elle est pour l'instant, comme toutes les choses utiles, entourée de *si*, de *mais*, de *car*, qui permettront à la peste que nous paraissons avoir évitée cette année, ou à peu près, de ne pas nous manquer l'année prochaine, si de pareilles chaleurs se renouvelaient.

« Les émanations sont horribles, surtout le soir, de ce côté de Paris, et véritablement *il serait temps d'y songer.* »

A ces entre-filets du populaire journal, nous joindrons l'article très important que publiait, dans *le Siècle* du 14 août, l'un de ses principaux rédacteurs, M. Louft :

« Avant de commencer notre revue du 18e arrondissement, nous ouvrons d'urgence une parenthèse pour parler du cimetière de Montmartre, car *il y a péril en la demeure.*

« Etabli en 1804 sur l'emplacement d'anciennes carrières qu'on a comblées, placé en contre-bas de la butte, à l'ouest de la zone populeuse qui constitue les 18e, 19e et 20e arrondissements, ce champ de sépulture est maintenant affecté à une population d'un demi-million d'âmes, et il a absorbé 83,012 cadavres de 1860 à 1866, soit plus de 100,000 depuis l'annexion; combien donc y ont été entassés depuis 1804?

« D'après ces chiffres formidables, il est facile de comprendre quel danger résulte pour tout ce qui tient à ce périlleux voisinage, dont la présence s'est traduite pendant le dernier choléra par 1,500 victimes, le quart environ de toutes celles qu'il a faites à Paris.

« Composé de terres rapportées, peu propres à la désagrégation des corps, et d'ailleurs tellement saturé de détritus organiques que la décomposition n'est pas toujours complète quand, au bout de la période quinquennale, on relève les fosses pour y enterrer d'autres morts, le sol de ce charnier laisse échapper, surtout pendant les chaleurs, des miasmes délétères, des émanations cadavéreuses que le vent promène à travers les populations.

« Il y a quelques jours, M. P...., dont la demeure est située à plusieurs centaines de mètres de la nécropole, dînait gaiement avec sa famille dans son jardin, quand une odeur affreuse, putride, écœurante, arrivant tout à coup, chacun est pris de nausées et obligé de fuir la table pour se réfugier dans la maison.

« Par cette pluie chaude qui est tombée hier, nous disait un autre habitant auprès duquel nous prenions des informations, c'était à ne pas tenir ici, et nous étions, malgré la chaleur, obligés de nous enfermer comme en hiver.

« Il y a quelque temps, des ouvriers maçons étant à faire des fouilles dans la partie sud du cimetière, atteignirent une couche tellement saturée de débris humains, tellement infecte et gazeuze, qu'on fut obligé de les emporter au plus vite.

« Comment pourrait-il en être autrement dans ce sol dont la superficie (dix hectares) suffit à peine à recevoir 25,000 corps tous les cinq ans, soit 50,000 en dix ans, et où l'on en a versé 100,000 en huit années? Enfin la situation est telle que les locataires de certains logements s'empressent de donner congé dès le premier terme, et qu'une centaine de propriétaires intéressés se sont cotisés *pour intenter un procès au Préfet de la Seine.*

« Un tel état de choses est d'ailleurs en contradiction flagrante avec le décret du 23 prairial an XII, qui fait règle en cette matière. « Il dit,
« en effet, qu'aucune inhumation n'aura lieu dans les églises, tem-
« ples, etc., où les citoyens se réunissent pour la célébration de leur
« culte, ni dans l'enceinte des villes et bourgs. Hors de ces villes et
« bourgs, il y aura, à la distance de trente-cinq ou quarante mètres
« au moins de leur enceinte, des terrains consacrés à l'inhumation des
« morts. »

« En 1804, lorsqu'on ouvrit, sous le nom de Champ-du-Repos, le cimetière Montmartre, il était dans les conditions légales, c'est-à-dire en dehors de la ville et dans un lieu presque désert. Aujourd'hui 125,000 habitants remplacent les 20,000 de 1804.

« Lors donc que fut arrêté le projet de reporter aux fortifications les limites de la capitale, le décret d'annexion aurait dû avoir pour corollaire un autre décret ordonnant la fermeture des nécropoles existantes et l'ouverture de nouveaux champs de sépulture à trente-cinq mètres au moins de l'enceinte fortifiée.

« C'est donc au mépris de la loi que les cimetières sont enchâssés au milieu de populations compactes, et celui de Montmartre s'y trouve dans des conditions plus mauvaises encore que tous les autres. *Il est donc temps et grandement temps qu'un pareil état de choses cesse, il est temps que le voisinage des morts cesse d'être une menace pour la santé des vivants.*

« Ce n'est pas seulement, nous écrit à ce propos un de nos correspondants du 18e arrondissement, ce n'est pas seulement l'incurie des Indiens qu'il faut accuser d'engendrer le choléra; n'avons-nous pas dans le cimetière Montmartre, dans cette terre pourrie et gazeuse, un foyer de pestilence cent fois plus dangereux pour nous que le grand delta du Gange?

« Qu'on établisse donc au plus vite les cimetières extra-muros, qu'au plus vite on prenne une décision sur la question de leur emplacement, et qu'on cesse d'enterrer dans la capitale, qu'on cesse dans le plus bref délai possible d'accroître ces foyers d'infection, dont la présence parmi nous est en contradiction flagrante avec l'hygiène, avec nos mœurs, avec la loi.. »

A ces aveux significatifs, j'ajouterai après l'un des auteurs et par un motif d'autant plus appréciable que, comme lui, j'habite Montmartre, qu'avec les chaleurs torrides de cette année, si nous avons eu le bonheur d'échapper jusqu'à présent à une épidémie, c'est grâce à l'admirable organisation du service de la salubrité dont le fonctionnement s'opère sans relâche jour et nuit. Aussi me fais-je un plaisir de reproduire les affirmations suivantes présentées par les hommes les plus compétents et les plus instruits de l'Académie de médecine, dans la séance du 12 août :

« M. Tardieu. — Je tiens à établir tout de suite que la santé publique n'a pas souffert, comme on pourrait le croire, de l'épreuve que nous traversons. Dans le courant du mois dernier, il est mort en tout 27 personnes de diarrhées, et sur ces 27 il y a huit enfants et quelques vieillards. Ce chiffre est très peu élevé et n'indique rien d'épidémique.

« M. Robinet. — La mortalité est au minimum. Il y a eu même un jour, pendant la semaine dernière, où l'on a pas eu à constater un seul décès dans deux arrondissements. Nous croyons que tout le mérite de ces heureux résultats revient à l'administration de M. le Préfet de la Seine, dont la constante sollicitude pour l'hygiène publique est au-dessus de tout éloge. »

Le docteur E. Decaisne, dans sa causerie scientifique du journal *la France*, du 11 septembre 1868, complète cette intéressante révélation par une curieuse statistique à laquelle nous empruntons les détails suivants :

« On a beaucoup disputé dans ces derniers temps au sujet des embellissements de la ville de Paris; beaucoup de gens *laudatores temporis acti* attachés quand même aux vieilles coutumes, crient à la profanation quand ils voient tomber sous le marteau des démolisseurs ces vieilles maisons où l'air et la lumière n'avaient jamais pénétré. Ces braves gens seraient tentés de croire que les temps sont venus, et que nous sommes à la veille de l'abomination de la désolation prédite par le prophète, quand le Préfet de la Seine élargit une rue ou ouvre un boulevard nouveau.

« Sans vouloir reprendre une à une toutes les objections qui ont été faites contre les embellissements de Paris, il m'a paru que l'abaissement remarquable du chiffre des décès serait la meilleure démonstration à opposer aux lamentations des détracteurs du temps présent.

« *Malgré l'accroissement considérable de la population parisienne, la mortalité suit une marche inverse, c'est-à-dire sans cesse décroissante, et s'abaisse* vers un minimum normal que l'on ne peut attribuer qu'aux profondes et radicales améliorations de l'hygiène des dernières années.

« Nous croirions faire tort à l'intelligence du lecteur en lui attribuant la pensée que la mortalité est égale partout. L'inégalité existe devant la mort aussi bien que pendant la vie. La mort frappe les villes plus rigoureusement que les campagnes, et les classes nécessiteuses plus sévèrement que les classes aisées. De sorte que le problème que l'hygiène des villes a à se poser et à résoudre est d'égaliser les chances, d'abaisser la mortalité des pauvres au niveau de celle des riches, et celle des villes au niveau de la mortalité des campagnes.

« Ici les chiffres ont leur éloquence.

« En France, on compte 1 décès sur 31 habitants dans les villes chefs-lieux d'arrondissement, et 1 sur 50 dans le reste de la population.

« A Paris, en 1700, la mortalité était de 1 sur 28; en 1750, elle s'abaissait au chiffre de 1 sur 30.

« Il faut arriver jusqu'en 1836 pour ne plus compter que 1 décès sur 36 habitants.

« Mais en 1840, par une inexplicable exception, la mortalité remonte au chiffre de 1 sur 33.

« En 1841, la mortalité de la ville revient à 1 sur 36, et la mortalité générale de la France n'était que de 1 sur 42 (villes comprises).

« En 1847, on compte 1 décès sur 37 habitants ; en 1851, 1 sur 38 ; en 1856, 1 sur 39.

« En 1862, il n'est mort que 1 personne sur 40 habitants. Or, dans cette même année, la population de Paris était de 1,696,141 individus; donc la mortalité a été de 42,000 en chiffre rond. Eh bien, transportons par la pensée la mortalité de l'année 1836 (1 sur 36) à l'année 1862, et nous verrons que, sans le progrès moderne, il aurait dû succomber plus de 47,000 personnes.

« L'année 1862 a donc obtenu un gain ou une épargne de 5,000 âmes. Ce chiffre est saisissant, quoique de la plus rigoureuse exactitude.

« Il ressort évidemment de ce tableau que la mortalité moyenne a subi, depuis 1836, une diminution progressive considérable et pleine d'enseignement. 5,000 individus préservés de la mort chaque année à Paris, c'est intéressant. Ce progrès immense est remarquable, et par l'abaissement du chiffre de la mortalité, et par la rapidité relative avec laquelle il a été obtenu. Il date tout entier du règne actuel.

« Il résulte des améliorations apportées à la topographie de la ville par l'infatigable activité de M. Haussmann. La création de larges voies de communication, la destruction de nombreux îlots insalubres, l'assainissement des logements, la plantation d'arbres et la formation des squares, l'exécution d'une grande quantité d'égouts, et surtout celle du grand égout collecteur, la meilleure installation des casernes, des hôpitaux, etc., ont produit ces heureux effets.

« Nous terminerons en ajoutant que c'est *surtout à la population pauvre et déshéritée que ce bénéfice a profité.* »

Quoi de plus décisif et en même temps d'une conséquence plus naturelle que ce prodigieux résultat, après toutes les satisfactions données à l'installation du service municipal de salubrité? Certes, si une récompense peut être agréable après tant de labeurs, c'est d'apprendre par une statistique rigoureusement vraie que 5,000 personnes par an doivent la conservation de la vie à cette transformation si attaquée de Paris; 5,000 personnes! Et ce chiffre ne pourra que s'accroître après l'achèvement complet des travaux, alors qu'une parfaite régularité règnera dans l'ensemble des services! Aussi, puis-je le proclamer sans arrière-pensée, en présence d'une si grande victoire sur la mort, quand les embellissements de M. Haussmann coûteraient encore dix fois plus cher, ils ne seraient jamais trop payés au prix de l'économie humaine de 5,000 existences par an. Après une telle épreuve, la question du déplacement des cimetières se trouve sinon résolue de droit, tout au moins de fait dans l'opinion générale des Parisiens. N'avaient-ils pas reconnu, au surplus, depuis longtemps, comme l'écrivait M. de Toulgoet, qu'il s'agissait « d'une œuvre, non pas seulement d'utilité, mais encore de morale publique, une œuvre de christianisme et de démocratie, dont les nécessités physiques imposent la fondation et commandent le service spécial, dont la prudence administrative et la justice sociale dictent l'organisation et l'étendue. » Je regrette de ne pouvoir citer ici, faute d'espace, les remarquables articles de ce publiciste parus dans *l'Étendard*, et qui élucident singulièrement la question, en la rendant pratique aux yeux de ceux qui la connaissent le moins; ainsi qu'un article non moins explicite de M. E. Masseras, du journal *la France;* et enfin, comme le glas funèbre annonçant l'enterrement de première classe de toutes les prétentions et réclamations des journaux de l'opposition, le fameux *meâ culpâ* de M. E. Sauvestre, de *l'Opinion nationale*, qui, se reconnaissant impuissant comme tous ses collègues à désigner un lieu quelconque préférable, équivalent ou même inférieur au terrain de Méry-sur-Oise, finit par accepter le projet préfectoral, à la seule condition qu'on le mettra à exécution sans retard.

Du reste, il est temps de le noter à cette place, les tentatives faites sur la population parisienne par les feuilles opposantes, cherchant à passionner le débat au nom du sentiment, l'arme par excellence pour pénétrer le cœur et l'esprit des masses, furent toujours vaines. La population, avec son gros bon sens, ne se laissa jamais prendre à cette amorce transparente sous laquelle elle sut discerner de prime abord les intérêts privés de quelques spéculateurs campagnards habiles à exploiter la situation par la voie de la presse, bien plutôt que les éléments d'une polémique saine et convaincue, et de ce jour elle resta sagement indifférente à ces clameurs sans élévation. Ne savait-elle pas, d'ailleurs, que cette affaire solennelle était soumise à une enquête scrupuleuse, ordonnée par l'administration municipale avec sa loyauté habituelle, ainsi que l'avait depuis longtemps annoncé le Préfet?

« L'enquête, dit M. Haussmann, n'est pas une vaine formalité, elle est faite pour l'instruction de l'administration même. Elle dira, d'ailleurs, au corps municipal et à moi, si la pensée que nous avons conçue et que nous croyons le germe d'une grande et excellente mesure, est comprise de la population, ou si au contraire la population n'y est pas sympathique. L'enquête nous dira si c'est dans l'emplacement de Méry-sur-Oise, ou bien ailleurs, qu'il faut faire la nouvelle nécropole de Paris; elle nous indiquera au besoin tout autre combinaison meilleure que la nôtre. Nous écouterons religieusement tout ce qui sera dit alors, afin de nous prononcer en parfaite connaissance de cause, et de motiver, aussi fortement que possible, les résolutions définitives que nous porterons au Gouvernement pour solliciter sa sanction.

« Nous ne demandons qu'à être éclairés, instruits, dirigés. Nous le serons, je l'espère, par les résultats de l'enquête et de nos délibérations. »

Quel plus éclatant hommage rendu à la puissance de l'opinion publique! Quelle plus grande marque de déférence donnée à ce juge suprême qui s'appelle tout le monde! Peut-on supposer qu'après une telle déclaration le Préfet de la Seine aille trancher de son plein chef, sans préoccupation, sans souci de l'opinion et des voies légales qu'il s'honore de suivre, une difficulté d'une nature aussi grave? Sans nous plus arrêter à cette discussion, disons qu'il en sera de toutes les suppositions gratuites ou intéressées que l'on a faites à cet égard, comme de celles de *l'Opinion nationale* relatives aux terrains de la Bastille, qu'un récent *communiqué* de la Préfecture a mises à néant, sans réplique possible.

Ces diverses citations attestent donc hautement combien déjà les premières tempêtes soulevées par cette question surtout morale des cimetières de Paris se sont calmées, et jusqu'à quel point même elles ont fait place chez plusieurs organes, naguère hostiles, à une sorte de revirement qui ne tendrait rien moins qu'à mettre M. Haussmann en demeure d'exécuter immédiatement le projet contre lequel on avait d'abord tant réagi. C'est ainsi que, malgré tout, les bonnes idées font leur chemin. Cependant, vous verrez qu'avant la réalisation de celle-ci, il faudra que les Parisiens essuient encore une fois les horreurs d'une épidémie pour s'apercevoir, comme disait l'intelligent *Figaro*, que l'idée de M. Haussmann, de transporter leur dernière demeure à Méry-sur-Oise, n'était déjà pas si mauvaise.

VIII

Si j'ai particulièrement extrait des journaux plus défavorables que sympathiques à la cause de M. le Préfet de la Seine, et notamment du *Figaro*, comme représentant mieux, selon moi, le véritable esprit parisien, et aussi parce qu'il est avant tout indépendant et désintéressé, des articles relatifs à cette œuvre imposante de la transformation de Paris, c'est afin de montrer combien leur langage s'est modifié et même quelle volte-face judicieuse s'est opérée dans leur mode d'appréciation. Ce retour sur eux-mêmes, bien que méritant d'être signalé, ne nous étonne pas autrement, car c'est le caractère propre des grandes manifestations du génie d'inspirer au début de véhémentes polémiques et d'amener peu à peu, par la marche naturelle des choses, les hommes les plus récalcitrants à de plus équitables jugements, quand on ne le voit pas applaudir définitivement ce qu'ils ont commencé par siffler systématiquement. C'est sans nul doute ce qui se produira pour l'œuvre de M. Haussmann dans un temps beaucoup plus rapproché qu'on ne suppose, et ce phénomène ne sera qu'une des conséquences logiques de la mobilité de notre tempérament.

Aussi de l'examen des faits précédemment rapportés, je cherche en vain à tirer une explication plus ou moins raisonnable des blâmes sans fondement articulés jusqu'ici par la presse opposante ; je n'y découvre au contraire que la justification des éloges légitimement acquis au Préfet de la Seine pour tant d'admirables entreprises menées à bonne fin ; et je suis fier, je l'avoue, pour l'illustre édile, de la personnalité originale, complexe et grandiose de Paris en ce moment. « Ce serait, en effet, perdre ses peines, dit M. Claudin, que de rechercher dans l'histoire des temps anciens et modernes une ville ayant quelque analogie avec le Paris actuel et surtout le Paris futur dans lequel nous allons entrer. Il n'y a que des archéologues endormis ou désœuvrés qui pourraient songer à comparer le Paris imprévu qui se lève avec ce qu'ont été ou n'ont point été dans le passé les grandes villes dont il surpasse tant, d'ailleurs, les merveilles et les splendeurs. Il était réservé à la France, le pays de toutes les originalités, de posséder cette ville sans pareille, cette cité étrange et indéfinissable. »

Bien mieux que jadis Babylone, Carthage, Persopolis, Tyr, Memphis, Thèbes, Sidon, Athènes, Rome; et dans le présent, que Londres, Constantinople, Saint-Pétersbourg, Berlin, Vienne, Madrid, New-York; — Paris, grand et irrésistible centre d'attraction, colossal laboratoire de la civilisation, pandœmonium du monde, métropole des vivants, était appelé à être et est devenu l'aimant puissant à l'empire duquel on ne saurait se soustraire, la cité radieuse vers laquelle se tournent tous les regards. C'est Paris seul qu'on désire, qu'on veut absolument voir. On traverse les autres capitales, on ne se fixe qu'à Paris, car, et c'est surtout maintenant que peut se justifier le dicton si connu : il n'y a qu'un Paris sous les cieux.

Certes, il eût été désastreux de retourner de fond en comble la cité-reine, si les choses avaient dû rester sans fin dans la stagnation, comme cela s'était vu auparavant. Mais, loin de nous trouver en face d'une pareille situation, n'avons-nous pas, dès à présent, à contempler des travaux finis, pleins de résultats salutaires; de vastes artères qui, semblables à celles du corps humain, répandent la vie partout, et font battre le cœur de la colossale cité comme jamais il n'a battu. Ah! je comprends que cela surprenne beaucoup le Parisien du dernier règne, habitué à d'interminables discussions pendant lesquelles tout s'atrophiait. Il est même possible que les hommes pour qui la rue de Rambuteau représentait le comble de la témérité, ne reviennent jamais de leur stupéfaction. M. Haussmann lui-même, au début de sa tâche, alors qu'il montrait les plans préparés d'après ses indications aux ingénieurs, aux architectes et aux conseillers avec lesquels il collaborait, n'a-t-il pas eu à subir le reproche d'assigner aux rues trop de largeur, et de trop prodiguer les boulevards? « Ceux qui formulaient ces scrupules, — bien désabusés aujourd'hui, — sont obligés de reconnaître que, quoiqu'on fasse pour ouvrir de nouvelles voies spacieuses et élargir les anciennes, les voitures se multiplient dans une proportion telle, que tous les efforts accomplis pour en rendre la circulation plus facile semblent impuissants à produire ce résultat, et que si ces rues et ces boulevards ont un réel défaut, c'est de n'être point assez larges, puisqu'ils ne suffisent déjà plus à éviter ces encombrements redoutables dont les habitants sont trop souvent victimes. De ceci ne peut-on pas conclure avec vraisemblance que M. le Préfet de la Seine, considéré par notre génération comme un audacieux, ne soit classé par les générations futures dans la catégorie des timorés et des hommes à mesquines conceptions?

Ainsi vont les choses en France.

Enfin, dans cette grande transformation de Paris, on a pareillement reproché à M. Haussmann d'avoir délaissé l'art pour le positif, l'utile, l'agréable et le confortable. M. Victor Fournel, dans un récent ouvrage, et M. d'Orvilliers, dans un panégyrique de ce travail, se plaisent encore à regretter ces quartiers purulents du vieux Paris qui n'avaient pas changé d'aspect depuis Louis XII, et s'en font naturellement une arme terrible pour battre en brèche cette architecture moderne, tout au plus bonne, disent-ils, à contenter des chefs de bureau.

Pourquoi les chefs de bureau, et que vient faire ici ce mot de préférence à tout autre? Y aurait-il, par hasard, une architecture plus spécialement propre aux chefs de bureau, et ces messieurs seraient-ils incapables d'apprécier tout autre style? Ce singulier jugement me paraît, comme beaucoup d'autres du même genre, d'un comique très marqué. Les chefs de bureau, qui ne parviennent à ce poste important qu'après de longues épreuves, passent en général pour des hommes tout aussi capables que M. Fournel de discerner une architecture d'art d'une architecture qui en est dépourvue. Est-ce un sarcasme, une rancune personnelle du critique à leur égard, et dans ce cas, comment veut-il que le public y comprenne quelque chose? Que penser également du fougueux M. Feyrnet, qui, de passage à Bordeaux, rend compte en ces termes, dans le journal *le Temps* du 25 octobre, d'une conversation qu'il eût avec un habitant de la localité :

— Au moins, faut-il absolument *que* je vous dise *qu'il* n'est point de ville à *qui* j'ai trouvé plus grand air *que* Bordeaux : les beaux larges quais, les belles larges rues!

— « Les belles larges rues! » Ah! nous vous y prenons, répond le Bordelais; que signifient alors les querelles que vous faites tous les jours à M. Haussmann?

— Permettez! il y a larges rues et larges rues. Je ne reproche pas du tout à une rue d'être spacieuse et bien aérée, quand elle est de *longueur raisonnable* (*quelle est cette longueur énigmatique?*), que les lignes en sont belles, et que l'aspect n'en est pas monotone. Mais une rue qui *n'en finit pas* (*étrange défaut*), où toutes les maisons sont *laides et de mauvais goût* (quoi! toutes, M. Feyrnet?), et où *toutes les maisons sont pareilles* (*où donc est située cette rue extraordinaire?*), une rue qui n'a d'autre mérite que d'être large... (*N'en est-ce donc pas un aussi essentiel qu'agréable?*) Mais vingt rues, trente rues *qui se ressemblent toutes*, ou qui plutôt *sont la même rue*, (comme largeur, *oui!*), voilà ce que je déteste, voilà ce qui me met en colère, voilà ce que je ne puis supporter! Et voilà pourquoi j'admire Bordeaux, tout en continuant à maudire une bonne moitié du Paris de M. Haussmann, et M. Haussmann lui-même ! »

Pauvre M. Feyrnet! Est-il possible de voir un homme plus infortuné, plus à plaindre; et comment expliquer que M. le Préfet de la Seine, qui passe pour si bon, si bienveillant avec tout le monde, se régale du malin plaisir de s'acharner ainsi au supplice de ce malheureux écrivain! — M. Haussmann, il est vrai, peut très bien répondre qu'il ne comprend rien à tout ce galimatias insensé (ni moi non plus), qu'il ne peut davantage deviner où M. Feyrnet a été découvrir la ville fantastique dont il parle (ce qui est aussi ma pensée), et que, dès lors, il ne saurait être responsable des terribles colères du chroniqueur du *Temps*, qui ressemblent fort, comme burlesque, à celles du bouillant Achille de la *Belle-Hélène*.

En fin de compte, cet impuissant dédain constitue-t-il une discussion sérieuse? Ces dénigrements ampoulés et enfantins ne tournent-ils pas plutôt au profit de l'œuvre qu'à son détriment, et n'est-il pas déplorable, en tout cas, de voir des écrivains distingués tomber en de pareilles aberrations? Qui veut trop prouver, dit le proverbe, ne prouve rien, et c'est là le côté faible de ces messieurs. Nous avons, d'ailleurs, exprimé d'autre part le peu d'intérêt que nous inspiraient ces lamentations rétrospectives qui n'ont de raison d'être que sur le papier, et dont la moindre controverse, établie sur des faits, Dieu merci, ne manquant pas, obtiendrait bien facilement justice.

Il y aurait conséquemment beaucoup à reprendre, pour ne pas dire tout, dans ces opinions par trop tranchantes, mais je ne puis donner ici les développements que comporte ce vaste sujet. Seulement, moi qui ai la prétention d'en savoir aussi long que ces belliqueux critiques du Paris transformé, sur la beauté, la grandeur, la noblesse et l'originalité des différents styles de la Renaissance à Louis XVI, je me permettrai de leur demander, en protestant contre l'inanité de leurs satires, où et dans quels quartiers de ce vieux Paris tant regretté, ils trouveront les éléments d'une architecture à la fois plus noble, plus élégante, qui réponde mieux aux exigences des idées nouvelles, et dans laquelle se retrouve un plus intelligent respect des modèles dont émane cette architecture qu'ils incriminent si injustement? A titre d'exemple, je leur citerai, sans aucune exception, tous les hôtels nouvellement édifiés dans les avenues, les boulevards, les parcs, les grandes rues d'ouvertures récentes, rappelant chacun, avec d'habiles et fécondes améliorations, les meilleures dispositions, les plus brillants et agréables détails de l'art depuis cinq siècles. Quelle analogie rencontrent donc ces messieurs entre ces remarquables spécimens, et cette lourde architecture du temps de l'Empire, cette architecture banale de la Restauration, et enfin ces édifications d'entrepreneurs, bâtardes, rabougries, bourgeoises, du règne de Louis-Philippe, dont les rues de Rambuteau et de Notre-Dame-de-Lorette, les quartiers Bréda et de la Boule-Rouge, etc., etc., offrent encore les déplorables échantillons, considérés alors comme la quintessence de l'art moderne?

Assurément, les détracteurs de M. le Préfet de la Seine seraient bien embarrassés de répondre en présence de tels objets de comparaison. Le seul argument sérieux qu'ils puissent mettre en avant, c'est l'absence d'originalité, de caractère qui dénoncent notre époque. Soit. Mais il est facile de répliquer que M. Haussmann n'est pour rien dans le goût impérieux du jour pour les anciens styles, qu'il ne lui a pas donné naissance; qu'il l'a bien plutôt subi qu'il ne l'a imposé et, par conséquent, dirigé. L'architecture moderne n'a pas d'originalité, parce que notre siècle sceptique, éclectique, tourmenté par des problèmes d'un autre ordre, veut arriver vite au but et s'empare tout bonnement de l'originalité des architectures passées dont il se contente. Impuissant à se créer un genre personnel, le Parisien actuel trouve chez nos ancêtres des types artistiques tout prêts; il peut en apprécier sans effort les qualités et les défauts, et déterminer son choix, indifférent à l'idée de savoir s'il découvrira chez les maîtres vivants des équivalents aux maîtres éteints. D'ailleurs, il lui faudrait discuter les plans, donner des indications, débattre des questions d'art très complexes; cela l'embarrasserait sans doute et lui prendrait surtout beaucoup de temps. Or, pour un siècle en proie aux jouissances hâtives, positif quand même, le temps c'est de l'argent, et l'argent est malheureusement son principal objectif. Il n'y avait donc pas à lutter contre les tendances de goût, les instincts, les désirs, les caprices d'une société alors qu'elle les affirme d'une façon aussi arrêtée; et en ce moment, il faut bien le reconnaître comme je viens de le dire, la société, le monde entier même, sont travaillés par des mobiles qui n'ont aucune analogie avec les aspirations des époques antérieures.

Ce qu'il fallait donc avant tout, à un peuple appelé à de nouvelles destinées, c'était une capitale nouvelle, et c'est là ce qui a particulièrement frappé l'édile éminent placé à la tête de l'administration municipale. On sait, du reste, que l'une des vives préoccupations de tout grand gouvernement a toujours été d'attirer à soi les autres peuples du globe par l'irrésistible appât d'un choix plus considérable de séductions physiques, morales et intellectuelles. La situation géographique de la France, l'état avancé de ses connaissances multiples, l'appelait, à l'exclusion de toute autre contrée même plus étendue qu'elle, à recueillir ce glorieux héritage. C'est ce que le génie de M. Haussmann a su comprendre; c'est le but éclatant qu'il n'a cessé de poursuivre depuis quinze ans avec une puissance de volonté que rien n'a paralysé, et qu'il est enfin parvenu à atteindre, tout en luttant sans trêve, « contre une discussion incessante, dépourvue de bienveillance et souvent de bonne foi, là où il aurait dû trouver des conseils sympathiques, l'appui d'une presse comprenant l'impossibilité de traverser toujours heureusement un tel dédale de difficultés, et plus désireuse d'excuser, de couvrir les erreurs, les fautes même, que de s'en prévaloir et de s'en faire des armes d'hostilité contre des obstacles matériels, des réalisations financières qui devaient d'abord faire échec à cette colossale entreprise. »

Aujourd'hui, l'œuvre est achevée de fait; Paris est devenu le rendez-vous des deux mondes; il voit accourir, il héberge et, finalement, il garde presque toujours en ses murs les personnages opulents, illustres, distingués, tous les talents, toutes les gloires, venus pour le visiter. Les charmes et les attraits infinis de son merveilleux séjour; cette salubrité hygiénique, précieux et introuvable bienfait (car on respire maintenant à Paris, et son air assaini n'a rien à envier à celui de la campagne); une sécurité sans bornes dans la satisfaction des désirs les plus variés; tous ces contrastes saisissants qui ne se retrouvent dans aucune autre capitale et captivent si directement les touristes; cette lutte incessante de tous les mérites venant solliciter ici la suprême consécration, le baptême définitif de leur valeur artistique, morale et scientifique; tant et de si complètes prérogatives déterminent d'abord forcément les départs vers Paris et engagent ensuite la plupart des visiteurs à y fixer définitivement leur résidence. En effet, pour quiconque possède les moyens de connaître à fond les incalculables ressources de cette ville extraordinaire, il est bien difficile, presque impossible même, de résister aux tentations délicates qu'elle offre à ceux que sa renommée attire, et il est indiscutable que toute personne pouvant disposer de son choix lui donnera la préférence sans hésiter. C'est, au surplus, ce qui s'est produit d'une façon si évidente depuis plusieurs années, à la suite du percement des splendides avenues de la capitale dont les habitations luxueuses ont été acquises ou édifiées par de riches cosmopolites. Cette impulsion qui, selon nous, ne peut qu'apporter d'importants bénéfices à la cité universelle, a continué de prendre des proportions si larges qu'il est permis de supposer que Paris, le Paris de l'avenir, est destiné à devenir la proie des étrangers. Il nous semble qu'on se doit féliciter d'un pareil résultat, car, en bonne logique, si l'on a fait tout ce qu'il fallait pour rendre

Paris le caravansérail de la terre entière, on ne saurait être surpris que les plus fastueux visiteurs s'y veuillent fixer s'ils s'y trouvent mieux qu'ailleurs; et leur présence, en ce cas, n'en peut qu'augmenter la fortune et la prospérité.

M. Haussmann aura ainsi conquis cette gloire unique d'avoir fondé une capitale au type merveilleux, sans le secours des contributions réclamées par ses prédécesseurs en pareille occurence. Jamais, en effet, que je sache, « on n'avait tenté sur aucun point du monde rien de comparable à ce vaste ensemble de travaux accomplis dans un délai relativement si court, sous cette condition inouïe que s'était imposée d'elle-même, dès le début, l'administration municipale de Paris, et qu'elle a a su maintenir jusqu'à présent, de ne faire aucun appel aux contribuables, et de suffire à tout avec des excédants de revenu. La Ville a pu même prendre des mesures pour assurer le remboursement du capital de ses obligations et des emprunts qu'elle a contractés, au moyen de ses propres ressources, alors qu'en ce moment même s'ouvre pour elle l'heureuse perspective d'une période d'allégement des charges de ses administrés. » Certes, de si grandes choses méritent les justes éloges que tout homme sincère ne saurait leur refuser; mais M. le Préfet de la Seine possède encore l'honneur, bien autrement louable à mes yeux, d'avoir été l'initiateur d'une foule d'améliorations, de progrès dont nous jouissons déjà et dont jouiront bien plus efficacement encore nos successeurs. De plus, l'horoscope certain qu'on peut tirer dès à présent de ces fécondes innovations, c'est qu'avant la fin du siècle, alors que l'établissement complet des chemins de fer et autres voies de communications auront relié les différentes parties du globe entre elles, toutes les capitales essayeront de se modeler sur la nôtre, afin de recueillir par la suite les précieux bienfaits dont nous sommes en possession. Déjà l'empire ottoman, devançant nos prévisions, a commencé à les réaliser. En effet, nous lisons ce qui suit dans *la Turquie*, du 1er décembre, journal publié à Constantinople :

« Depuis un an environ, depuis que Seuver Effendi a été nommé préfet de Constantinople, Stamboul se transforme et s'embellit à vue d'œil.

« Les anciens quartiers, les vieilles masures faites de bois et de fange tombent et disparaissent chaque jour sous la pioche des démolisseurs.

« A la place de ces rues sales et infectes, où les rayons du jour n'arrivaient qu'à regret, on voit de larges avenues bordées de maisons spacieuses et d'édifices remarquables.

« Partout la pierre se substitue au bois; partout la lumière et le mouvement répandent l'animation et la vie; ces endroits, jadis si mornes et si tristes, sont aujourd'hui des promenades agréables, et *l'Européen ne regrettera plus bientôt ses boulevards et ses chaussées.*

« Bien des travaux ont été exécutés; d'autres sont projetés, qui seront bientôt mis à exécution; c'est ainsi qu'en ce moment on songe à faire à la Corne-d'Or un jardin zoologique qui sera un but de promenade intéressant et agréable. » N'est-ce point là la plus éloquente attestation du mérite de l'œuvre haussmannienne, que cette consécration publique donnée par l'étranger? Aussi, M. Haussmann, en inscrivant son nom sur ce beau travail, a-t-il signé la page mémorable du siècle, dès aujourd'hui féconde en résultats que l'avenir ne peut que rendre plus fructueux. C'est là,] répétons-le, un grand et noble rôle, profitable à tous, et que le Préfet de la Seine aura eu le glorieux privilége de remplir.

Il a donc pu dire avec un juste sentiment de fierté à ses honorables collaborateurs :

« Cette œuvre immense de l'agrandissement de Paris, qui suffirait à immortaliser un règne, est une tâche laborieuse et pénible dans l'accomplissement de laquelle votre dévouement consciencieux, votre active vigilance, et votre appui persévérant, m'ont permis, Messieurs, de vaincre des obstacles que seul je n'eusse pu surmonter. La solidarité qui nous unit, les épreuves que nous avons traversées ensemble, ont donné à l'édilité, minutieusement prévoyante de la ville, la possibilité d'arriver heureusement à ses fins.

« Un jour, quand ceux mêmes qui blâment ou critiquent des plans qu'ils n'ont pas étudiés, ou qui l'ont fait insuffisamment, admireront, avec tous, les résultats de ces grandes conceptions, ce ne sera pas pour nous un médiocre honneur que d'avoir eu aussi notre part de leurs censures, alors que nous maintenions fermement la fortune de la Ville au niveau des nécessités financières de si gigantesques entreprises. »

Une dernière conséquence de la transformation de la capitale, et qui certes n'est pas la moins intéressante, c'est d'être redevable au préfet de la Seine d'une très heureuse tendance : celle d'avoir attiré les capitaux vers la propriété, de les y maintenir, et de les voir s'y consacrer chaque jour davantage. Quel meilleur, quel plus solide et naturel placement, en effet, pour les capitaux de la nation? N'est-il pas tout à la fois le plus moral et le plus sûr? Il résiste à tout : aux révolutions, aux changements de dynastie, aux bouleversements, aux commotions politiques et aux crises commerciales; il fait comme partie intégrante du sol, et le temps seul en a raison. L'immeuble, par excellence et par exception, reste toujours puissant et invulnérable au milieu des plus effroyables cataclysmes; et s'il perd momentanément de sa valeur, c'est pour la reconquérir bientôt avec une plus-value notable.

De quel autre placement en peut-on dire autant?

Cet intelligent appel des capitaux vers la propriété, qui en consolide le respect et l'amour, a eu pour premier résultat de moraliser les placements de fonds, tout en les mettant à l'abri des craintes qui font qu'une valeur, si bonne soit-elle, la rente, entre autres, peut tomber à la suite d'événements politiques dans un profond discrédit. Le second bénéfice, déterminé par ce mouvement inusité des capitaux, a été de donner une très vigoureuse impulsion à l'industrie du bâtiment, dans laquelle se meuvent tant de corporations, et qui se relie par tant de côtés divers à un si grand nombre d'intérêts. Ce sont là des faits considérables auxquels tous les hommes impartiaux se sont déjà ralliés, et qu'à mon tour, en ce qui me concerne, je suis heureux de pouvoir rappeler à l'attention générale, comme dignes de l'approbation du pays.

IX

Ici finit la tâche que je m'étais imposée, laquelle, à défaut de tout autre mérite, aura du moins celui de la sincérité et du désintéressement. Si je suis parvenu, rendant justice à qui de droit, à répandre un peu de lumière sur les quelques points obscurs que j'indiquais en commençant, j'aurai bien rempli ma journée. Il ne me restera plus à dire en parlant du puissant édile dont l'œuvre a inspiré ce travail, et avec un publiciste non moins distingué qu'homme d'action, l'éminent rédacteur en chef de *la Liberté*, « que M. Haussmann représente à lui seul la paix glorifiée par ses œuvres; c'est à lui que Paris doit sa transformation, et ce titre-là suffit pour vivre sans fin dans la postérité. » A l'appréciation si juste de M. de Girardin, je joindrai celle d'un écrivain également remarquable, M. Louis Ulbach, qui, traçant un portrait de l'honorable magistrat, disait en le terminant : « M. le Préfet de la Seine aura dans la postérité l'auréole de l'infaillibilité que lui refuse le présent. C'est là sa force. » Pour mon compte, je suis intimement convaincu, d'accord avec ces deux publicistes, que quand la postérité impartiale fera l'histoire de cette époque mémorable de la transformation de Paris, elle glorifiera M. Haussmann comme aucun autre homme placé dans sa sphère ne l'a jamais été.

Certes, si M. le Préfet de la Seine, impatient de goûter les joies d'un triomphe anticipé, voulait y parvenir, en conquérant finalement l'amour absolu de ces capricieux Parisiens dont il eut tant à essuyer les boutades humoristiques, il n'aurait qu'à réaliser un bienfait d'une autre nature inscrit depuis longtemps déjà dans son esprit et dans son cœur : ce serait, AVANT TOUT, avec les économies qui résulteront de son opération financière, de dégrever, sinon de suite, du moins le plus tôt possible, les loyers jusqu'à 500 francs, et d'enlever la totalité ou partie de la taxe sur les boissons. Je sais que dès 1864, le 23 décembre, M. le Préfet disait au Conseil municipal que « ce n'était pas d'aujourd'hui seulement qu'il avait entrevu le dégrèvement des taxes locales comme un des effets de son œuvre. Toutefois, la réalisation de cette douce satisfaction ne lui apparaissait que comme ces bouquets de fête que les ouvriers sont dans l'usage de mettre sur le comble du bâtiment au terme de tous les travaux de gros œuvre, et qu'elle ne devait être que la conclusion et non l'incident du travail achevé de la transformation de Paris. » Je sais encore qu'une révision des tarifs et règlements d'octroi, par suite de la suppression des entrepôts dans Paris, doit avoir lieu à la fin de 1869, et qu'il sera difficile de toucher à cette importante question avant cette époque. Soit! Mais que M. le Préfet ne l'oublie pas : le peuple, l'ouvrier, les petits ménages n'ont qu'une idée fixe : l'affranchissement des impôts sur les loyers et les boissons. Le gouvernement qui réalisera ce progrès-là vivra longtemps dans la mémoire des masses. Que M. Haussmann, en tout ce qui s'applique à son administration, satisfasse donc au plus tôt à ce vœu dont l'accomplissement est sollicité par l'équité, le progrès et le bon sens, et je lui garantis le triomphe que ses immenses travaux actuels auraient dû lui mériter dès à présent, et que la postérité lui décernera infailliblement.

Mais j'atteste que M. le Préfet fera tout pour accomplir cette intéressante partie de ses projets, sans que la pensée des honneurs futurs y entre pour quelque chose, car, plus réservé que nous, et avec cette modestie non affectée qui est le propre du vrai mérite, il a déjà exposé lui-même, en quelques lignes, et ses sentiments présents et ce qu'il croit devoir attendre de l'avenir :

« Une longue pratique des hommes et des choses m'a fait peu sensible aux blessures d'amour-propre en même temps qu'elle m'a mis en garde contre les exagérations bienveillantes de l'amitié.

« Certain d'avoir toujours rempli mon devoir loyalement et courageusement, c'est-à-dire aussi bien que je l'ai su, j'attends avec calme, sans illusion mais sans crainte, je ne dis pas les appréciations de la postérité, parce que je ne crois pas trop avoir à compter avec elle, mais celles de mes contemporains, lorsque, ma tâche achevée, j'aurai obtenu un repos laborieusement conquis. »

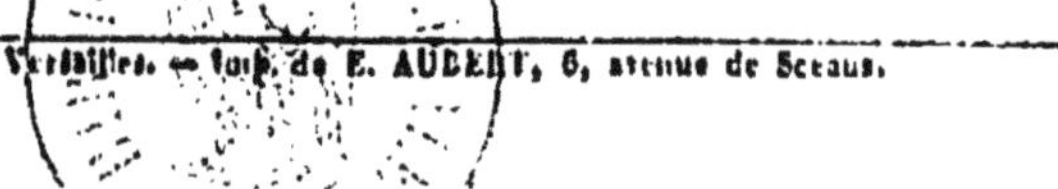

Versailles. — Imp. de E. AUBERT, 6, avenue de Sceaux.

www.ingramcontent.com/pod-product-compliance
Ingram Content Group UK Ltd.
Pitfield, Milton Keynes, MK11 3LW, UK
UKHW020317220726
13923UKWH00003B/1197

9 782019 142704